FRITZ PÖLKING

MASAI MARA

AFRIKAS PARADIES

TECKLENBORG

IMPRESSUM

Der Inhalt dieses Buches wurde auf Papier
mit chlorfrei gebleichtem Zellstoff gedruckt.
Das Einbandmaterial ist recyclebar.

Die Deutsche Bibliothek – CIP Einheitsaufnahme

Masai Mara, Afrikas Paradies
Fritz Pölking
Steinfurt, Tecklenborg Verlag, 2005
ISBN 3-934427-52-9
NE: Pölking, Fritz

1. Auflage 2005

Siemensstraße 4, D-48565 Steinfurt

Gesamtherstellung: Druckhaus Tecklenborg, Steinfurt

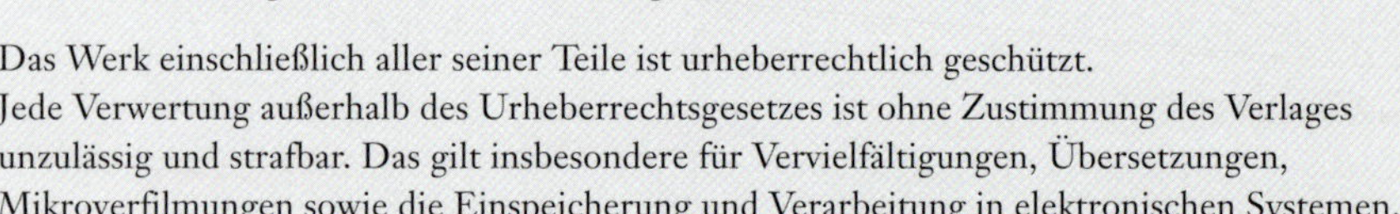

Verlag und Autor garantieren, dass es sich bei den Fotografien in diesemWerk um Originalaufnahmen handelt, die nicht digital verändert wurden.

ISBN 3-934427-52-9

Fotonachweis:
S. 20, 21, 22, 23, 28
Winfried Wisniewski

Restliche Bilder: Fritz Pölking

INHALT

VORWORT

Einer der letzten großen, intakten Lebensräume für freilebende Tiere auf dieser Erde ist das Mara-Serengeti-Ökosystem. Er befindet sich zum größten Teil in Tanzania und nur der nördliche Zipfel, Masai Mara genannt, liegt in Kenia.
Für Besucher ist dies aber mit Sicherheit der schönste, interessanteste, aufregendste, vielseitigste und abwechslungsreichste Teil dieser Naturlandschaft. Nirgendwo sonst in diesem großen Gebiet findet man die Arten so nahe beieinander und kann manchmal von Löwen zu Geparden, von Elefanten zu Leoparden fahren, ohne riesige Entfernungen zurücklegen zu müssen.
Die Üppigkeit und Schönheit dieser Naturlandschaft der Masai Mara findet man sonst fast nirgendwo auf der Welt. Hier hat man ästhetische Eindrücke, überwältigende Tiererlebnisse, erkennt ökologische Zusammenhänge und spürt die Verantwortung der Menschen, solche Kleinode der Natur unbedingt erhalten zu müssen. Der Tourismus spielt dabei ein große, herausragende Rolle. Ohne Tourismus haben die Tierparadiese der Welt keine Chance zu überleben. Auch in Ostafrika ist der Druck auf die Reservate und Nationalparks gewaltig, und nur ihre wirtschaftliche Bedeutung hält sie am Leben.
Es klingt wie aus einem Reiseprospekt, aber die Masai Mara ist eines der Gebiete, das die Erwartungen der Besucher übererfüllt. Alles ist sehr gut organisiert, und es ist ein Schutzgebiet „der kurzen Wege". Man fährt nicht stundenlang in „leerer" Landschaft herum, bevor man eine Tierbeobachtung machen kann. Es ist eines der letzten Gebiete in Afrika, wo man gute Chancen hat, die „Großen Fünf": Elefant, Nashorn, Büffel, Löwe und Leopard, in einer Woche alle zu sehen.
Auch ist es ein Tierparadies, das von Mitteleuropa aus schnell erreichbar ist: Man fliegt (nachdem die Lufthansa Nairobi nicht mehr bedient) um 22.oo Uhr ab Amsterdam, ist um 6.00 Uhr am Morgen in Nairobi, fliegt um 10.00 Uhr weiter mit der Air Kenia von Nairobi in die Masai Mara, landet um 11.00 Uhr auf dem Airstrip vor der Lodge und ist nach dem Mittagessen schon bereit für den ersten „Gamedrive". Schneller geht es kaum. Auch zurück ist angenehm: Nach einem letzten Tag voller Abenteuer fliegt man um 16.00 Uhr mit der letzten Maschine von der Masai Mara nach Nairobi, nimmt um 21.00 Uhr den KLM-Vogel nach Amsterdam, landet um 6.00 Uhr am Morgen dort und kann um 9.00 Uhr schon wieder im heimischen Büro sitzen – wenn das überhaupt wünschenswert ist. Erleben Sie eine traumhafte Masai Mara, zuerst in diesem Buch und später in Natura.

Herzlich, Ihr Fritz Pölking

Lager der Masai Mara.

DIE MASAI MARA

Unter Kenias Landschaften ist das Gebiet der Masai Mara ein Juwel. Es ist vielleicht das letzte Reservat, in dem man die „Großen Fünf" – Elefant, Büffel, Nashorn, Löwe und Leopard – beobachten und gleichzeitig die spektakulären Wanderzüge der Weißbartgnus erleben kann. Deren Anzahl wächst hier von Mai bis Juni von 100.000 auf 800.000 an. Ein unvorstellbar hoher und rascher Anstieg, der ahnen lässt, was sich hier im Sommer abspielt, wenn alle den Mara Fluss durchqueren müssen, um zu neuen Weidegründen zu gelangen. Daher ist für viele Menschen ein Besuch der Masai Mara der Höhepunkt einer Wildlife-Safari.

Die Besiedlung der Mara durch Menschen können wir etwa 2.000 Jahre zurückverfolgen. Im Lemek Tal, nördlich vom Reservat, haben Archäologen Äxte, Messer und andere Relikte gefunden, die es ermöglichen, diese Zeitspanne nachzuvollziehen.
Als die ersten Europäer im 19. Jahrhundert einwanderten, lebten die Maasai bereits seit 200 Jahren hier. 1891 kam es zu einem Desaster, als die Rinderpest ausbrach. Sie tötete innerhalb eines Jahres nicht nur 90 % aller Rinder, sondern auch andere Tiere wie Büffel, Gnus und Giraffen. Der Verlust ihrer Herden und die später folgenden Small-Pocken ließ die wenigen überlebenden Maasai das Gebiet verlassen.
1948 wurde das Mara Triangle, ein 520 km^2 großes Gebiet zwischen dem Siria Escarpment, der Grenze zu Tansania und dem Mara Fluss, als Nationales Jagdschutz-Reservat erklärt, in dem die Jagd reguliert wurde.
Erst zwischen 1960 und 1970 explodierte der Bestand an Gnus wieder und stieg auf 1.3 Millionen im Mara-Serengeti Ökosystem an.
Mit ein Grund war sicherlich das in der Savanne vorherrschend wachsende „Red-Oak-Gras", das die bevorzugte Nahrung der meisten Grasfresser ist. 1961 kam das Gebiet unter die direkte Kontrolle des Narok County Council und die Grenzen wurden auf 1.813 km^2 erweitert.
1984 wurde das Masai Mara National Reservat auf seine heutige Größe von 1.510 km^2 reduziert.

Zusammen mit dem sich anschließenden Maasai Weideland, auf dem sich einige der Lodges befinden und wo man viele der schönsten Beobachtungen machen kann – etwa von Leoparden – ist die Masai Mara heute etwa 5.000 km^2 groß.
Es ist eine abwechslungsreiche Landschaft und umfasst gebirgige und ebene Savannengebiete, und die weiten Grasländer bieten vielen Weidetieren wie Weißbartgnus, Büffeln, Gazellen, Steppenzebras und vielen anderen Huftieren einen großartigen Lebensraum.
Zu den Zeiten, wenn das frische Gras sprießt, ist die Mara naturgegeben auch ein Paradies für große Katzen wie Geparde, Leoparden und Löwen, weil für sie Beute im Überfluss vorhanden ist.

Dann kann man Löwenrudel mit mehr als 30 Tieren beobachten. Nur eine Flugstunde oder vier bis fünf Autostunden von Nairobi entfernt, befindet sich dieses faszinierende Gebiet im Südwesten Kenias, inmitten des Victoria-See-Beckens.
Von Hügeln eingerahmt, wird das ausgedehnte Busch- und Grasland von den Flüssen Mara und Talek durchzogen, die sich in scheinbar nicht endenden Windungen durch die unberührte Landschaft schlängeln. Dichte Galeriewälder säumen die Ufer der Flüsse und geben dem ansonsten an Bäumen armen Gebiet den Charme einer fruchtbaren Flusslandschaft. Inselberge aus gewaltigem Urgestein und eine Vielzahl kleiner Gräben, genannt Korongos, prägen darüber hinaus weite Teile der Masai Mara. Fauna und Flora finden hier eine abwechslungsreiche Lebensgrundlage und gestalten so ein einmaliges Ökosystem.
Begünstigt durch die hohe Lage von über 1.500 Metern über dem Meeresspiegel und der Nähe zum Victoria-See ist das Gebiet zu allen Jahreszeiten angenehm temperiert und mit reichlichen Niederschlägen versorgt, vor allem zu den beiden Regenzeiten im April und Oktober/November, die sich allerdings oft um Wochen verschieben. Auch wenn es hier tagsüber recht heiß wird, spenden doch die Abende und Nächte Tieren, Menschen und Touristen eine wohltuende Kühle. Die meisten Lodges und Zeltcamps haben hier eigene Fahrzeuge und eigene Fahrer, welche die Mara und ihre Tiere wie die berühmte „Westentasche“ kennen.
Dadurch hat man die Garantie, (fast) alles zu sehen zu bekommen, was in dem Jahr und zu der Jahreszeit möglich ist.
Einige Lodges haben sogar eigene Heißluftballons und zeigen den Besuchern gerne das Spektakel der Masai Mara aus der Luft.

WIEGE DER MENSCHHEIT

Tagesanbruch im Maasai-Land.

Die Abenddämmerung taucht das Land in ein unwirkliches Licht.

5000 AFRIKANER WAREN UNSERE VORFAHREN

Nach dem heutigen Erkenntnisstand sind sich die Wissenschaftler ziemlich sicher, dass unsere Vorfahren eine kleine Bevölkerungsgruppe von etwa 5.000 Menschen war, die vor rund 150.000 Jahren im Großraum Ngorongoro Crater, Olduvai Schlucht und dem Mara-Serengeti Ökosystem lebten. Eine Ewigkeit später, vor ca. 40.000 Jahren, breiteten sie sich dann nach Europa und vor 10.000 Jahren nach Amerika aus.

Vor diesem Hintergrund bezeichnen wir das Ökosystem Ngorongoro-Serengeti-Masai-Mara als „Die Wiege der Menschheit". Vielleicht drückt sich unsere Sehnsucht nach der Landschaft, aus der wir kommen, in der Vorliebe für leicht gewellte, offene Wiesenlandschaften mit Bäumen und Sträuchern aus: so legen wir auch die Parks in den großen Städten an.

Dieses Buch zeigt die Tiere und Pflanzen, mit denen wir in dieser paradiesischen Parklandschaft zusammenlebten.

Wenn Sie mit dem Landrover einmal am Mara Fluss stehen und darauf warten, dass vielleicht 10.000 Weißbartgnus das Wasser überqueren, dann haben Sie viel Zeit nachzudenken.

Überlegen Sie einmal, dass dort unsere ersten Vorfahren vor etwa 150.000 Jahren gelebt haben, aber die Krokodile im Fluss dort schon seit 60 Millionen Jahren existieren – in unveränderter Form. Vielleicht ist die Existenz der Menschheit für diese Krokodile nur eine kurze Zwischenepisode auf dem Weg zu den nächsten 60 Millionen Jahre Krokodilleben …

Der Mara-Fluss windet sich in vielen Biegungen durch das Land.

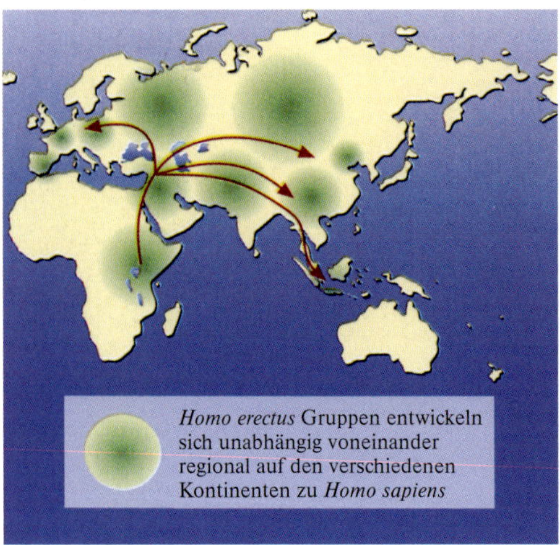

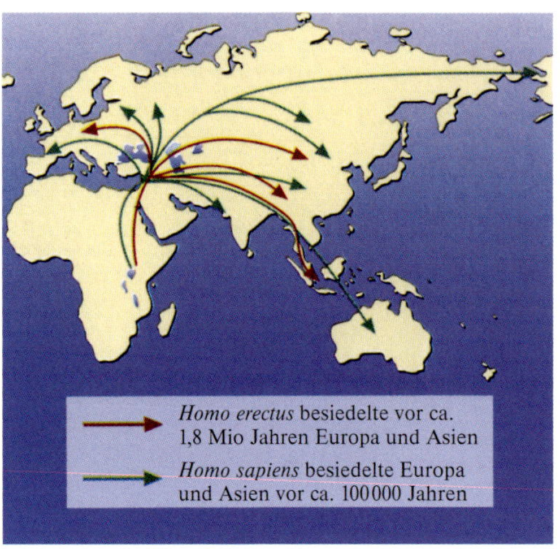

Die Theorien der Besiedlung der Erde durch den Menschen:
a. Regionale Gruppen des Homo erectus als einzelne Populationen auf dem Weg zum Homo sapiens.
b. Ostafrika als zentraler Ausgangspunkt für die Besiedlung durch Homo erectus und Homo sapiens.

Paviane in der Abenddämmerung auf einem ihrer Schlafplätze.

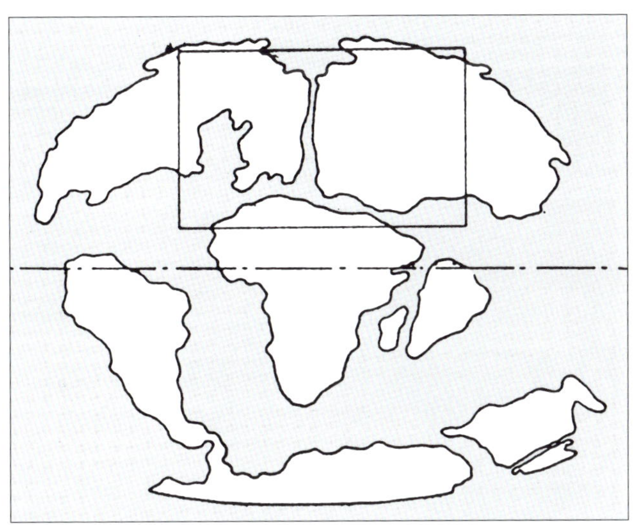

Die Erde zur Kreidezeit: ein euro-amerikanischer Kontinent, Heimat der Ordnung der Primaten, ist von Asien, Afrika und Südamerika getrennt.

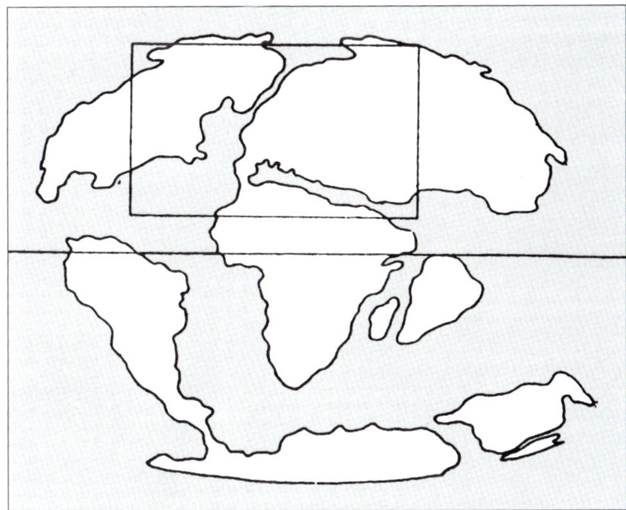

Die Erde im Eozän: der Übergang von Europa nach Asien und Afrika ist möglich geworden; Nordamerika und Eurasien (und vielleicht Afrika) werden von Omomyidae bevölkert.

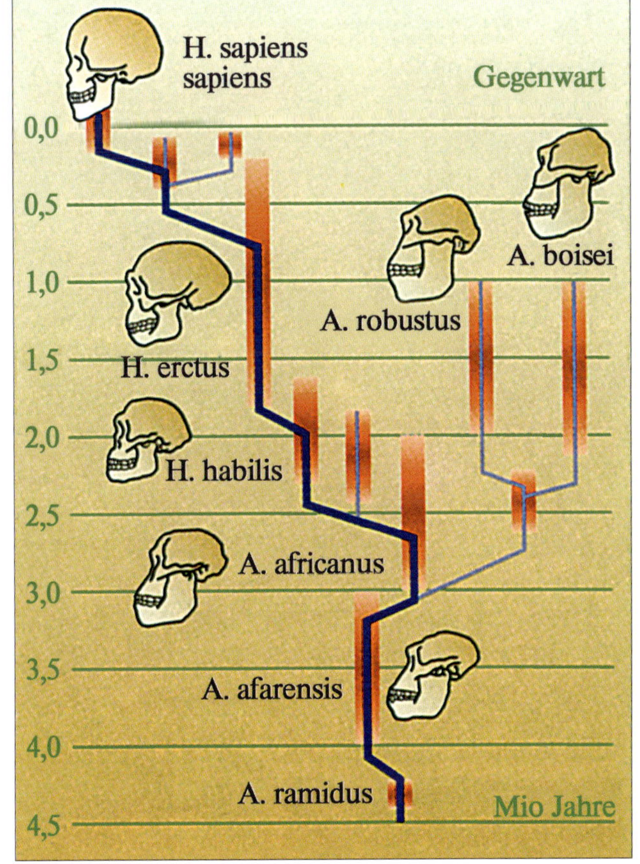

Die Wurzeln der Menschheitsgeschichte sind in Ostafrika über viele Millionen Jahre zurückzuverfolgen. Bis zum Homo sapiens war es ein langer Weg, dessen Etapen immer wieder von neuen Entwicklungsstadien gekennzeichnet sind.

H. = Homo
A. = Australo pithecus

MAASAI – DAS VOLK

Maasai auf dem Weg zu einem ihrer Dörfer (Hintergrund), von denen immer mehr in der Masai Mara entstehen.

Die Masai Mara gehört den Maasai, die hier seit einigen hundert Jahren leben, nachdem sie von Norden her einwanderten. Nilotische und kuschitische Völker – vor 1.000 Jahren nordwestlich des Turkana-Sees entstanden – bilden dieses Hirtenvolk von etwa 250.000 Menschen. Ein Teil von ihnen lebt heute um das Masai Mara Wildreservat herum. Noch in der zweiten Hälfte des 18. Jahrhunderts galten die jetzt friedlichen Viehnomaden als mächtige und gefürchtete Krieger, deren Siedlungsraum sich bis weit in die tansanische Steppe erstreckte. Eine kleine Fliege war es letztlich, die das blühende kulturelle und wirtschaftliche Gefüge zum Einsturz brachte: Die Tsetse-Fliege, Überträgerin der „Nagana" genannten Rinderseuche, vernichtete in nur wenigen Jahren den Großteil der Viehbestände der Maasai und damit ihre Lebensgrundlage. Der Ausbruch einer Pockenepedemie führte schließlich zum Auseinanderbrechen des einst gut organisierten gesellschaftlichen Gefüges und der Zersplitterung der Volksgruppen.

1920 siedelten sich dann im Zuge britischer Truppenbewegungen einige Stämme der Maasai in den Randgebieten des Masai Mara Reservates an.

Kurz vor der Gründung des Nationalreservates im Jahre 1961 erhob zeitweilig auch das Volk der Watende Anspruch auf

Blick auf ein Maasai Dorf (Manyatta) aus der Vogelperspektive. Gut zu erkennen: die getrennte Viehhaltung.

das Kerngebiet der Masai Mara, um seinen Rindern die üppigen Weidegründe zugänglich zu machen. Nur die Proklamation des Gebietes als Reservat verhinderte dies letztlich. Trotz tiefgreifender Veränderungen in der Lebensweise des Maasai-Volkes konnte dieses einen Großteil seiner alten Traditionen bewahren. Für den Besucher ist es allemal ein besonderes Erlebnis, den Maasai zu begegenen, die in ihrem prächtig geschmückten Erscheinungsbild einen festen Bestandteil der Masai Mara bilden.

Die Zukunft der Masai Mara und der Maasai liegt in einem gut gemanagten Reservat und der Einbindung des Volkes der Maasai. Nur wenn die Maasai einen klaren finanziellen Erfolg durch das Reservat für sich sehen, wird es langfristig eine Überlebenschance haben. Denn es ziehen immer mehr Menschen in die Gebiete um das Kernreservat, der Druck auf dieses wird stets größer und die Maasai treiben zunehmend größere Viehbestände in das Schutzgebiet. In den Savannen um das Reservat, wo noch vor 5 – 10 Jahren Geparde, Löwen und Leoparden ziemlich ungestört leben konnten, entsteht heute ein Maasaidorf neben dem anderen und die vor kurzem noch ruhigen Savannen sind „überfüllt“ durch von Dorf zu Dorf gehende Maasai.

Wie alle Maasai kleiden sich auch die jungen Frauen in bunte Gewänder.

Der Viehtrieb durch den Fluss ist nicht ganz ungefährlich. Es lauern Krokodile.

DIE GROSSEN TIERE

In keinem anderen Naturreservat Kenias gibt es eine vergleichbare Artenvielfalt wildlebender Tiere wie in der Masai Mara. Das fruchtbare Grasland, die abwechslungsreiche Landschaft und der Wasserreichtum bieten die idealen Voraussetzungen dafür. Seltene Tierarten wie das vom Aussterben bedrohte Spitzmaulnashorn haben hier ebenso einen Überlebensraum wie Wildtiere, deren Bestand als gesichert gelten darf.Der Elefant ist einer der imposantesten und auffälligsten Bewohner des Reservats. Die bis zu sechseinhalb Tonnen schweren und etwa acht Meter langen Tiere benötigen täglich 80 bis 260 Kilogramm Nahrung und die enorme Menge von ca. 250 Litern Wasser. Bei diesen Futtermengen ist es leicht nachzuvollziehen, dass bei einer hohen Bestandsdichte in einem Gebiet die Dickhäuter der Flora empfindlichen Schaden zufügen können. Die Zahl der im Masai Mara Reservat lebenden Elefanten stieg zwar in den letzten Jahren an, aber noch nicht in dem Maße, dass es zu erheblichen Schäden gekommen ist.

Ein typischer Bewohner der offenen Gras- und Buschlandschaft ist der Kaffernbüffel, den man als geselliges Tier oft in Herden von mehreren hundert Tieren antreffen kann. Die recht friedsamen Büffel ernähren sich in der Regel während der Nachtstunden von Gras und Buschwerk, wobei sie eine besondere Vorliebe für junge Triebe und Zweige haben. Fühlen sich die Tiere jedoch bedroht, können ihre mächtigen Hörner für Mensch und Tier zu einer gefährlichen Waffe werden. So haben durch angreifende Kaffernbüffel schon mehr Menschen ihr Leben verloren als etwa durch die großen Raubkatzen. Hoch hinaus geht es bei den Giraffen. Mit einer Kopfhöhe von über fünfeinhalb Metern überblickt dieses „Fabelwesen“ der Tierwelt aus luftiger Höhe die Landschaft der Masai Mara.

Hervorragend an das Leben im Busch angepasst, ernähren sich Giraffen mit Vorliebe von den frischen Blättern aus der Krone des Akazienbaumes. In kleineren Gruppen von sechs bis zwölf Tieren ziehen sie mit majestätischen Schritten durch die Masai Mara. Sollte sie jedoch zur Flucht gezwungen sein, erreicht die Giraffe die beachtliche Geschwindigkeit von etwa 50 Stundenkilometern. Mit gezielten Huftritten ist sie aber auch in der Lage, Angreifer in die Flucht zu schlagen. Gefährlich wird es für diese Tiere immer dann, wenn sie ihren Durst löschen müssen. Mit weit auseinandergewinkelten Beinen beugen sie sich umständlich zum Wasser und können so von möglichen Feinden leicht überrascht werden.

Neben den Giraffen sind es die Zebras, die mit ihren markanten Fellzeichnungen die Blicke der Besucher auf sich ziehen. Die „Tigerpferdchen”, wie man sie auch gerne nennt, sind wie einige andere Wildtiere Afrikas ausschließlich auf dem „schwarzen“ Kontinent beheimatet. Vom Grasland bis zu lichten Waldregionen sind sie in vielen Teilen der Masai Mara das ganze Jahr über in kleinen Gruppen zu beobachten.

Eine Tierart, die es ähnlich wie das Zebra verstanden hat, sich in verschiedenen Lebensräumen zu behaupten, ist das Impala. Diese zierliche, kleine Antilope ist ein wahrer Meister im Weitsprung. Fast aus dem Stand vermögen es die erwachsenen Tiere, bis zu acht Meter weite Luftsprünge zu vollbringen. Trotz dieser enormen Sprungenergie und ihrer scheinbar ständigen Aufmerksamkeit gegenüber möglichen Gefahren wird das Impala häufig Opfer der vielen hungrigen Fleischfresser, wie zum Beispiel der Tüpfelhyäne. Sie galt fälschlicherweise lange Zeit als reiner Aasfresser und Nutznießer anderer Raubtiere.

Es ist zwar richtig, dass Hyänen immer wieder anderen Fleischfressern ihre Beute entreißen oder sich an einem in Verwesung übergegangenen Tierkadaver sättigen, aber inzwischen ist erwiesen, das Tüpfelhyänen selbst hervorragende Jäger sind.

So beobachtete man Rudel, die auch die großen Savannentiere wie Zebra und Gnu erbeuteten.

Ihr Nahrungsbedarf wird etwa zu 80 Prozent aus der eigenen Jagd bestritten, und es sind die Löwen, die nicht selten von dem Jagderfolg der Hyänen profitieren und sich an den Resten der Beute sättigen.

Auch häufig in der Masai Mara zu beobachten ist der Anubis-Pavian. Auf der Futtersuche streifen größere Horden dieser Bodenaffen durch die Landschaft, wobei ihr vielseitiger Speisezettel von Pflanzennahrung bis hin zu kleinen Säugetieren reicht. Die kräftigen Tiere haben bis auf Löwen – und gelegentlich Leoparden – keine natürlichen Feinde. Kommt es zwischen den so unterschiedlichen Wildtieren einmal zum Kampf, ist nicht immer vorherzusagen, wer von beiden zuerst die Flucht ergreift.

Als potentielles Beutetier für große Räuber ist der Defassa-Wasserbock ständig auf der Hut.

Ein häufig anzutreffendes Paar in der Maasai Mara: Kaffernbüffel und Kuhreiher.

oben rechts:
Das Feld der
Weißbartgnus glänzt
im Regen.

Eine dicke, verkrustete Schlammschicht verschließt kleine Wunden und bietet Schutz vor lästigen Parasiten.

GRASLAND

Die dominierende Vegetationsform in der Masai Mara ist das Grasland. Mensch und Tier haben über lange Zeiträume in entscheidender Weise dazu beigetragen, dass dieses Ökosystem entstehen konnte. Waren es einst die Ureinwohner, die durch das Entzünden von Buschbränden ihren Viehherden neue Weidegründe bieten wollten oder durch Blitzschlag natürlich entfachte Brände, so sind es heute die gewaltigen Wildtierherden von Zebras, Büffel, Gnus und Gazellen, die das Bild der Grassavanne prägen und erhalten. Im Zuge der Wanderungen sind es oft Hunderttausende von Weidetieren, die aus den im Sommer trockeneren Gebieten der Serengeti auf die üppigen Grasreserven der Masai Mara zurückgreifen, um ihren Hunger zu stillen. Nur durch das regelmäßige Kurzfressen der Gräser und das „Pflügen" des Bodens der über das Land ziehenden Weidetiere wird das Gras immer wieder aufs Neue zum Wachstum angeregt und verjüngt. Zebras, die als Wiederkäuer besonders gute Nahrungsverwerter sind, fressen zunächst die oberen, oft trockenen und harten Halme der Gräser. Gnus, die den Zebras auf ihren regenzeitlichen Wanderungen folgen, können so leichter die tieferliegenden und nährstoffreichen Gräser erreichen. Schlusspunkt dieser für das Wachstum der Gräser wichtigen Verjüngungskur bilden schließlich die Gazellen, die sich im Vergleich zu den großen Huftieren schon mit geringen Mengen an Grasnahrung zufrieden geben. Im Laufe langer Entwicklungszeiträume haben sich so die Flora und das Nahrungsverhalten der Tiere in dieser Landschaft gegenseitig beeinflusst. Es sind aber auch laubfressende Wildtiere wie Giraffen und Nashörner, die zum Erhalt der Graslandschaft beitragen. Sie sorgen dafür, dass nachwachsende Büsche und Bäume in ihrem Wachstum behindert werden. Elefanten, die „Landschaftsarchitekten" der Tierwelt, tragen durch die Zerstörung ganzer Waldbestände dazu bei, dass vorhandene Grassavannen sich ausdehnen oder neu entstehen. Die Anzahl der Tierarten, die direkt oder indirekt von der Erhaltung dieses Ökosystems abhängig sind, ist sehr vielfältig. Denken wir nur an den Geparden, der auf den offenen, weiten Grasflächen seine Beute fixiert und dann mit atemberaubender Geschwindigkeit sein Opfer verfolgt. Ein Jagdverhalten, das dem Geparden das Überleben im Busch unmöglich machen würde. Eine Änderung in der Nutzung der Grassavanne durch den Menschen oder die starke Verminderung der grasfressenden Wildtierbestände würde diese einmalige Landschaftsform schon bald durch nachwachsende Büsche und Bäume verlorengehen lassen.

Ein uralter Feigenbaum erstrahlt im Licht des Sonnenaufgangs.

Aufmerksamkeit ist für Impalaherden überlebenswichtig.

VOR SONNENAUFGANG

Das schönste Licht des Tages gibt es in Afrika vor Sonnenaufgang. Etwa eine halbe Stunde, bevor der Sonnenball auftaucht, hat man für einige Minuten ein ganz wundervolles Licht. Es ist nicht viel, aber von einer grandiosen Klarheit, von einer unglaublichen Intensität und Tiefe.
Es bringt die Landschaft und die Tiere zum Leuchten wie nie wieder am ganzen Tag. Dieser alte Baum vor Sonnenaufgang steht in der Nähe des Governors Camp, und die Impalaherde beobachtet kurz vor Sonnenaufgang einen vorbeiziehenden Leoparden. Man kann zu dieser frühen Stunde auch die schönsten Gepardbeobachtungen machen. Nie wieder am ganzen Tag haben diese Katzen die Augen so weit offen wie jetzt – nie wieder eine solche unergründliche Tiefe und Ausdruckskraft wie in diesen ganz frühen Minuten vor dem eben anbrechenden Tag. Die Seele der Masai Mara offenbart sich vor Sonnenaufgang.

Gegen die morgendliche Kälte drängen sich junge Fledermausfüchse dicht aneinander.

Große Ohren sind neben seinem geflecktem Fell das Kennzeichen des Serval.

Der Schabraken-schakal gönnt sich vor seiner Höhle eine Ruhepause.

TIERGESCHICHTEN

Fledermausohrfüchse, auch Löffelhunde genannt, gehören zu meinen Lieblingstieren. Es ist komisch, wie Tiere auf heranfahrende Autos unterschiedlich reagieren. Geparde und Paviane springen in der Masai Mara auf die Kühlerhauben der Autos. Leoparden kriechen manchmal darunter her, fast alle anderen Tiere ignorieren sie. Aber diese kleinen Fledermausohrfüchse rennen fast immer davon. Sie brauchen nur von weitem ein Auto zu sehen – weg sind sie. Dabei könnten sie eigentlich die zutraulichsten von allen sein, denn sie haben wirklich keinen Grund, fortzulaufen und ängstlich zu sein.
Diese kleinen Füchse hier auf dem Bild schmiegen sich am frühen Morgen vor ihrem Bau aneinander, weil es um diese Uhrzeit oft noch empfindlich kalt sein kann in der Mara.

Rotschnabel-Madenhacker
suchen Großtiere wie
Zebras nach Ungeziefer ab.

Ein äsendes Spitzmaulnashorn lässt sich von den spitzen Dornen seiner Nahrungspflanzen nicht beeindrucken. Seine durch Parasitenbefall gepeinigten Ohren „reinigt“ inzwischen ein Gelbschnabel-Madenhacker.

NÜTZLICHE HELFER

Madenhacker trifft man in Afrika an vielen Großtieren: Giraffen, Büffel, Gnus, Antilopen und Gazellen, Zebras u. v. m. Nur an Katzen habe ich sie noch nie gesehen. Es hat sicher nichts mit der Größe dieser Tiere zu tun, denn auf einem kleineren Warzenschwein habe ich schon einmal 12 Gelbschnabel-Madenhacker entdeckt. Anscheinend mögen Katzen es nicht, dass ihnen die Vögel Zecken und anderes Ungeziefer absuchen, obwohl das durchaus sinnvoll wäre, denn auch die großen Katzen sind Wirt für viele Quälgeister.

In der Masai Mara sieht man meistens Gelbschnabel-Madenhacker und seltener die andere dort vorkommende Art, den Rotschnabel-Madenhacker. Sie sind an den unmöglichsten Stellen der Tiere anzutreffen, und manchmal hängen sie sogar am Penis großer Tiere. Das konnte ich aber leider noch nicht adäquat fotografieren. Wenn es mir doch eines Tages gelingen sollte, bin ich jetzt schon gespannt, wer die Bilder veröffentlicht.

Die Madenhacker suchen Tiere nach Insekten ab, trinken aber auch Blut. Häufiger schon habe ich gesehen, dass sie an Wunden sitzen. Einmal hatte ein Löwe einen Kaffernbüffel an der Nase gepackt und dort wohl eine Viertelstunde festgehalten, als sich der Büffel doch noch befreien konnte. Die Wunde sah böse aus, und der Büffel stand sichtlich unter Schock durch dieses Erlebnis. Kurze Zeit später kamen zwei Madenhacker angeflogen und landeten immer wieder auf dem Kopf des Büffels, kletterten herunter bis zur Nase und tranken das Blut, das hier herausfloss. Hier oben im Bild hat sich ein Rotschnabel-Madenhacker auf einem Zebra niedergelassen.

Wildhunde jagen ihre Beute, bis sie vor Erschöpfung stehen bleibt.
Dann hält ein Windhund das Tier an der Nase fest, während die anderen es reißen.

DIE UNBELIEBTEN

Wildhunde haben eine ganz simple Jagdtechnik: Während sich Leoparden vorsichtig anschleichen, Geparde große Umwege machen, um die beste Richtung für die Jagd zu finden, rennen Wildhunde einfach hinter dem ausgesuchten Tier her, bis es müde wird und stehen bleibt. Dann hält es ein Wildhund an der Nase fest und die anderen reißen dem lebenden Tier die Bauchdecke auf und fangen zu fressen an. Diese Jagdmethode hat den Wildhund in Afrika sehr unbeliebt gemacht, und unter anderem deshalb ist er heute fast ausgerottet. Untereinander sind Wildhunde die liebenswürdigsten und freundlichsten Tiere, die man sich vorstellen kann. Sie leben im Rudel, und alle Hunde beteiligen sich an der Aufzucht der Jungen, wenn die ranghöchste Hündin Junge bekommen hat. Wildhunde haben Millionen Jahre überlebt, aber seit man vor etwa 20 Jahren ein wissenschaftliches Programm zur „Rettung" der Wildhunde durchgeführt und alle Tiere schutzgeimpft hat, haben sie sich kaum vermehrt. Weder in der Serengeti noch in der Masai Mara gibt es zur Zeit noch ein festes Rudel und man sieht sie nur vereinzelt.

Im letzten Licht des Tages scheint sich die Wärme der vergangenen Stunden zu spiegeln.

SCHREIE IN DER NACHT

In der Dunkelheit der Nacht kann es vorkommen, dass Mensch und Tier von einem durchdringenden Schrei aufgeschreckt werden, der so klingt, als würde ein hungriges Baby nach seiner Mutter rufen. Urheber dieser oft über eine Stunde anhaltenden Warnrufe sind Galagos, auch „Buschbabys" genannt.

Die kleinste dieser possierlich wirkenden Halbaffen-Arten ist mit ca. 20 cm Körperlänge etwa so groß wie eine Hauskatze.

Ein dichtes flauschiges Fell, große Augen und ein buschiger Schwanz runden das Bild dieser verborgen lebenden Primaten ab.

Lebensraum der nachtaktiven Halbaffen sind das Buschland und die Akazienwälder Kenias. Mit etwas Glück und Übung kann man einen Galago jedoch auch am Tag entdecken, wenn er im Dickicht eines Busches kauernd die Nacht erwartet.

Obwohl das Riesengalago gelegentlich am Boden beobachtet wird, ist sein eigentlicher Lebensraum der Baum. Als wahrer Kletterkünstler springt er auf seiner Futtersuche nach kleinen Insekten und Früchten zielsicher von Ast zu Ast. Oftmals überwindet er dabei Entfernungen von bis zu drei Metern, ohne das Gleichgewicht zu verlieren. Leider wissen wir bis heute nur wenig über das Leben der Galagos, da es in freier Wildbahn kaum möglich ist, sie bei ihren nächtlichen Streifzügen durch

Die Haltung des Pavian drückt überlegene Gelassenheit aus.

Die nachtaktiven Buschbabys springen bei der Futtersuche zielsicher von Ast zu Ast.

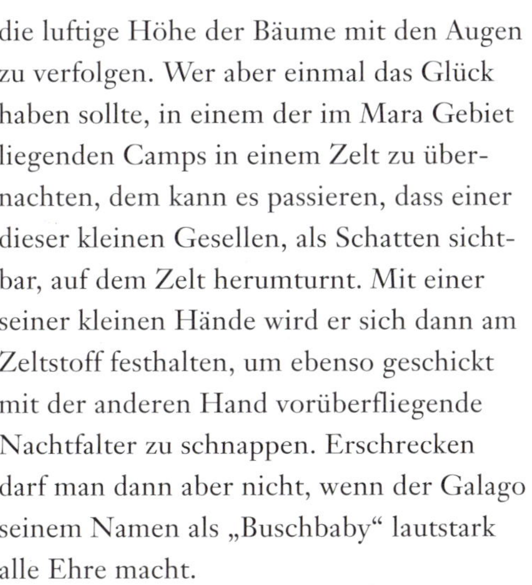

die luftige Höhe der Bäume mit den Augen zu verfolgen. Wer aber einmal das Glück haben sollte, in einem der im Mara Gebiet liegenden Camps in einem Zelt zu übernachten, dem kann es passieren, dass einer dieser kleinen Gesellen, als Schatten sichtbar, auf dem Zelt herumturnt. Mit einer seiner kleinen Hände wird er sich dann am Zeltstoff festhalten, um ebenso geschickt mit der anderen Hand vorüberfliegende Nachtfalter zu schnappen. Erschrecken darf man dann aber nicht, wenn der Galago seinem Namen als „Buschbaby“ lautstark alle Ehre macht.

Der Anubis-Pavian gehört zu den typischen Bewohnern der Masai Mara. Oft sieht man die Tiere auf der Futtersuche in großen Gruppen durch die offene Grassavanne ziehen. Mit ihren Jungtieren gehen die Paviane besonders fürsorglich um.

Heile Familienwelt bei den Grünen Meerkatzen: gegenseitige Fellpflege und wohlige Geborgenheit.

Auch bei den Pavianen gehört die soziale Fellpflege zu den wichtigen Lebensgewohnheiten.

AN DER SCHWELLE

Professionelles Fotografieren in Afrika ist etwas anderes als auf einer Urlaubssafari für eine kurze Zeit bei einer Tiergruppe stehen zu bleiben. So verbringt man manchmal den ganzen Tag bei einer Gruppe von 30 bis 50 Pavianen, und das vielleicht eine Woche jeden Tag: Nur so kann ihr Verhalten sehr aufmerksam studiert werden. Dabei lassen sich immer wieder erstaunliche Beobachtungen machen, die einem die Sonderstellung von großen Affenarten bezüglich Intelligenz und Denkvermögen im Tierreich sehr klar vor Augen führt.

Alleine wie ein Pavian auf ein 500-mm-Objektiv reagiert, das aus dem Wagenfenster ragt, ist – für mich – ausgesprochen irritierend. Er ignoriert es nicht wie die meisten Tiere in Afrika oder hat Angst davor, wie viele Tiere in Europa, sondern man sieht ihm richtig an, wie er das Objektiv entdeckt, einschätzt, analysiert und bewertet. Dies lässt sich wirklich an seinen Augen und seinem Gesichtsausdruck erkennen. In solchen Momenten empfinde ich den biologischen Abstand zwischen uns und diesen Arten als – fast – nicht vorhanden.

LEBEN AM FLUSS

Lebensader des Wildreservats ist der Mara River. Aus den Bergwäldern des Mau-Escarpment kommend, schlängelt sich das Flussbett in scheinbar endlosen Windungen durch die Landschaft der Masai Mara und überquert die tansanische Grenze, um dann nach einer langen Reise in den Victoria See zu münden. An seinem zum Teil steilen Ufer wachsen eine Vielzahl verschiedenster Pflanzen und Bäume, die zusammen das grüne Band der Galeriewälder bilden.
Das liebliche Bild dieser Flusslandschaft lässt vergessen, dass ein „fossiler" Bewohner der braunen Fluten vielen Tieren zur tödlichen Bedrohung werden kann.
Es ist das Nilkrokodil, das seit je an den Ufern und im Mara River selbst seine Beute macht. Dieser mächtige Fleisch- und Aasfresser kann im Laufe seines langen Lebens eine Länge von sieben Metern erreichen. Begnügen sich die jungen Krokodile noch mit Insekten, Fischen, Schildkröten und kleinen Säugetieren, so besteht die Beute der großen Krokodile aus einer Vielzahl von Tieren des Reservats, die beim Trinken oder Durchqueren des Flusses die drohende Gefahr zu spät erkannt haben. Antilopen, Gnus, Zebras oder Wasserschweine sind dabei ebenso Opfer der blitzschnell zupackenden Panzerechse wie auch Hyänen oder Löwen. Krokodile nähern sich bei ihrer Jagd langsam, wie ein im Wasser treibender Baumstamm, ihrer Beute, um dann aus dem Wasser schnellend ihr Opfer zu packen und zu ertränken. Nachdem das Tier getötet ist, schleudert das Krokodil, sich um die eigene Achse drehend, den leblosen Körper wieder und wieder auf

Ein Kuss der besonderen Art: Flusspferd und Krokodil.

die Wasseroberfläche, bis er schließlich aufplatzt und zerfetzt. Der Grund für diese Prozedur ist, dass Krokodile trotz ihrer kräftigen Zähne nicht wie andere Fleischfresser in der Lage sind abzubeißen und zu kauen, sondern gezwungen sind, die herausgerissenen Fleischbrocken stückweise zu verschlingen. Dabei hebt das Krokodil seinen Kopf so an, dass die fetten Bissen direkt in den weit aufgesperrten Rachen gleiten. Hufe werden dabei ebenso verschlungen wie ganze Schädel samt Hörner. Ein wahrer Festschmaus bietet sich diesen Jägern zu den Wanderzeiten der großen Gnu- und Zebraherden. Zum Erreichen neuer Futterplätze sind die Weidetiere gezwungen, den Fluss zu überqueren. So sieht man die Huftiere zunächst zu Tausenden ängstlich und abwartend vor dem Wasser stehen, aber wie auf ein geheimes Kommando hin stürzen sich die Leittiere plötzlich hinein, um das gegenüberliegende Ufer zu erreichen.

In eng gedrängten Reihen folgen dann auch die übrigen Tiere der Herde, wobei es nicht selten vorkommt, dass einige der „Wasserstürmer“ dabei ertrinken. Ein paar Flussbiegungen weiter angespült, profitieren so auch andere Aasfresser wie Geier und Warane von den ertrunkenen Opfern der Tierwanderungen zwischen der Serengeti und der Masai Mara. Die hungrigen Krokodile dagegen brauchen nur an Ort und Stelle ihr klaffendes Maul zu öffnen, um die fette Beute zu schnappen.

Weniger bedrohlich ist die Panzerechse dagegen an Land. Zwar ist auch hier Vorsicht geboten, aber in der Regel liegen die wechselwarmen Tiere nur dösend in der morgendlichen Sonne, um sich zu wärmen. Erst in der Glut der Mittagshitze ziehen sich die Tiere in das kühlende Wasser zurück, um später wieder an Land den Rest des Tages zu verschlafen.

Ein friedlicher Bewohner des Mara Rivers ist das Flusspferd, das sich in einer Art Koexistenz diesen Lebensraum mit den Krokodilen teilt. So kann man beobachten,

Flusspferde können sehr plötzlich aus der dichten Decke aus Wasserpflanzen auftauchen.

wie diese unterschiedlichen Flussbewohner am Ufer aufeinandertreffen, ohne dass der Eindruck entsteht, dass es für das eine oder andere Tier zur Gefahr wird. Zwar versuchen die Panzerechsen gelegentlich ein Jungtier der Hippos zu erbeuten, aber durch den Schutz der größeren Flusspferde wird dies meist verhindert. Denn obwohl Flusspferde reine Pflanzenfresser sind, verfügen sie über einen enorm kräftigen Kiefer mit zwei gewaltigen Hauern. Möglichen Angreifern kann es da schnell passieren, gefährliche Verletzungen davonzutragen, aber oft genügt schon eine Drohgebärde, um gefräßige Räuber in die Flucht zu schlagen. Eine weitere Möglichkeit der Hippos, drohenden Gefahren aus dem Weg zu gehen, ist das Tauchen. Bis zu sechs Minuten können sie dabei, ohne Luft zu holen, unter Wasser bleiben, wobei sie beim Tauchen nicht schwimmen, sondern auf dem Grund des Flusses laufen. Die längste Zeit des Tages verbringen die bis zu vier Tonnen schweren Tiere jedoch dösend in den sogenannten Hippopools – Stellen, an denen der Fluss nur langsam fließt. Die den Schweinen verwandten Flusspferde sind dabei äußerst gesellig und bilden unter der Herrschaft eines kräftigen Bullen kleinere Gruppen. Durch lautes Grunzen kennzeichnen dabei die verschiedenen Gemeinschaften ihr Territorium. Mit Einbruch der Dämmerung verlassen die schweren Tiere erstaunlich geschickt den Fluss, um zu ihren angestammten Weideplätzen zu gelangen. Dabei legen sie oft mehrere Kilometer auf immer wieder verwendeten Trampelpfaden zurück, die leicht an den tief in den Boden eingetretenen Furchen zu erkennen sind.

Bei diesen nächtlichen Ausflügen kann ein ausgewachsenes Flusspferd über 50 Kilogramm Gras und andere pflanzliche Nahrung zu sich nehmen. Sein wiederum bildet einen wichtigen Düngestoff für das Wachstum vieler Pflanzen im Fluss. Ein Beispiel mehr für die oft enge Wechselwirkung zwischen Tier und Pflanzenwelt.

Krokodile machen sich ihre Beute maulgerecht, bevor sie sie verschlingen.

LEICHTE BEUTE

„Stativ" hatten wir dieses große Nilkrokodil getauft, weil es nur drei Beine hatte. Das linke Hinterbein fehlte. Ob es dieses bei einem Kampf oder einem Unfall verloren hatte, konnten wir nicht klären. Aber Stativ schien keine Nachteile durch dieses fehlende Bein zu haben. Es hatte ein besonders günstiges Stück am Mara Fluss erobert, wo immer zu den Wanderzeiten Tausende von Weißbartgnus den Fluss durchquerten und wo es also reich-lich und sicher gute Beute gab. Allerdings sind die Krokodile nicht besonders scharf auf Gnufleisch – Zebras oder Thomsongazellen sind ihnen wesentlich lieber. Wenn eine Gnuherde den Fluss durchquert, lassen sie diese oft unbehelligt ziehen, wenn sie die Chance sehen, an Zebra- oder Gazellenfleisch zu kommen. Die gleiche Beobachtung habe ich auch bei Löwenrudel gemacht. Diese schlagen oft Kaffernbüffel und lassen diese unangetastet liegen, wenn sie plötzlich die Chance sehen, ein Zebra zu schlagen. Anscheinend schmeckt beiden Arten Zebrafleisch deutlich besser. Wenn Krokodile Tiere erbeuten, die auf ihren Wanderungen den Mara Fluss in der Masai Mara durchqueren, so ist das immer sehr dramatisch, aber leider nicht immer auch sehr fotogen. Oft schwimmt das Krokodil einfach hinter dem Topi, der Gazelle, dem Zebra oder dem Weißbartgnu hinterher, taucht unter und zieht von unten das Tier an einem Hinterbein unter Wasser und ertränkt es langsam. Das ist zwar dramatisch, aber die Kamera sieht nichts. Wenn also das Zebra sowieso sterben muss, dann wäre es für Naturfotografen besser, es würde auf eine etwas spektakulärere Art und Weise geschehen. Wenn man im Bild nur den Kopf eines Topi sieht und dann erklärt, dass unter der Wasseroberfläche ein Krokodil am Bein dieses Tieres hängt und versucht, es unter Wasser zu ziehen, so macht man damit einen Bildredakteur nicht besonders glücklich.

Der Panzer der Echse.

Schwanzdetail

Gazellen gehören zu den bevorzugten Beutetieren der Krokodile.

Auf dem Weg in die Masai Mara
müssen die Gnus
den Mara Fluss durchqueren.

Der beste Schutz vor Krokodilen ist, den Mara Fluss in Massen zu durchqueren.

AUFBRUCH INS GELOBTE LAND

Weißbartgnus gehören zu den wenigen Tierarten, die geradezu dramatisch an Zahl zunehmen. Während man hört und liest, dass überall die Tiere auf dem Rückzug sind und durch Verknappung des Lebensraumes und anderer Umwelteinflüsse immer mehr zurückgedrängt werden, ist die Zahl der Weißbartgnus in der Mar-Serengeti in den letzten Jahrzehnten von 300.000 auf 1,5 Millionen gestiegen. Immer wenn die Serengeti abgegrast ist, machen sie sich in riesigen Wanderzügen auf den Weg und Hunderttausende davon kommen auf die grünen und saftigen Weiden der Masai Mara. Dabei müssen sie den Mara Fluss durchqueren und dabei werden Tausende ein Opfer der Krokodile. Das klingt schlimm, hat aber kaum Einfluss auf den Bestand der Gnuherden. Krokodile sind nicht die einzigen Nutznießer: Löwen, Hyänen, Leoparden, Geparde, Geier – viele Tiere leben von den riesigen Herden, und es ist ein gewaltiges Schauspiel, wenn sie in großen Trupps in der Mara ankommen - meistens im Juli/August.

Ein langer schwarzer Federschweif zeichnet den Hahnschweifwida aus.

Der Hammerkopf trägt seinen Namen aus gutem Grund.

Ein Schwarzbrustschlangenadler beobachtet die Umgebung.

VOGELWELT

Auffälligstes Merkmal des Milchuhu sind seine rosafarbenen Augenlider.

Natürlich denkt man zuerst an die großen Tierarten Afrikas, wenn über den Wildbestand der Masai Mara gesprochen wird. Doch nur wenige Menschen wissen, dass in dieser Region eine Vielzahl von Vogelarten lebt, und sie ein Paradies für alle Ornithologen ist. Schon die Listung nur einiger der hier vorkommenden Vogelarten ist beeindruckend: Allein 45 Greifvogelarten, 28 Webervogelarten, 18 Reiherarten, 12 Enten- und Gänsearten, 9 Falkenarten, 8 Storchenarten, 7 Eisvogelarten sowie Eulen, Bienenfresser, Lerchen, Schwalben, und eine Vielzahl von Singvögeln sind hier regelmäßig anzutreffen. Für den Besucher der Masai Mara kaum zu übersehen ist der Strauß, der zwar die Fähigkeit zum Fliegen verloren hat, aber dank seiner kräftigen Beine Geschwindigkeiten von über 50 Stundenkilometer erreichen kann. Allgegenwärtig sind auch die unermüdlich kreisenden Geier, die aus großer Höhe ihre Beute zu finden suchen.

Als Aasfresser genießen sie zwar bei vielen Menschen keine besonders große Sympathie, doch nehmen sie im Ökosystem Afrikas die wichtige Funktion einer „Gesundheitspolizei“ ein. Ein seltsamt anmutender

Vogel der Savanne ist der etwa 1,20 Meter große Sekretär, der, obwohl ein hervorragender Flieger, in der Regel am Boden zu beobachten ist. Ebenfalls ein Spezialist bei der Nahrungssuche ist die Riesentrappe. Der bis zu 1,30 Meter große und ca. 15 Kilogramm schwere Vogel, der auch fliegen kann, durchstreift mit Vorliebe abgebrannte Savannengebiete, um dort schutzlosen Kleintieren nachzustellen.
Ein auffälliger Bewohner der Masai Mara ist der Leierschwanzwidavogel. Manche Männchen dieser Vogelart richten sich in dem hohen Savannengras Balzplätze ein, die aussehen, als hätte noch vor kurzem ein Autoreifen hier gelegen. Um ein Weibchen anzulocken, springen sie dann auf ihrem Balzplatz in die Höhe, so dass man sie für kurze Momente aus dem Gras auftauchen sieht.
Durch die zum Teil sumpfigen Gebiete des Wildreservats gibt es auch eine Reihe von Vögelarten, die sonst seltener in den Savannengebieten anzutreffen sind. So ist zum Beispiel auch unser europäischer Weißstorch gelegentlicher Gast, der sich hier seine Futterplätze mit einer Vielzahl von Storchenarten teilen muss.
„Freunde" von Seen und Flüssen sind einige Eisvogelarten. Gleich sieben Vertreter aus dieser Familie sind regelmäßig in der Masai Mara zu sehen.
Als Meister des Nestbaus erweisen sich die Webervögel. In vielen Bäumen und Sträuchern findet man die von den Männchen kunstvoll geflochtenen kugeligen Nester. Nur von kräftigen Halmen oder dünnen Zweigen getragen, schwingen sie frei in der Luft und sind so sicher vor einer Vielzahl möglicher Nesträuber.

Die leuchtend gelben Dorfweber bevorzugen den Nestbau in Kolonien. Wie reife Früchte hängen ihre Nester in den Bäumen.

Webervögel sind Meister des Nestbaus – hier ist es der Scharlachweber, der an der kunstvollen Konstruktion seines Nestes arbeitet.

Schwarzbauchtrappe

Die leuchtend gelben Dorfweber bevorzugen den Nestbau in Kolonien. Wie reife Früchte hängen ihre Nester in den Bäumen. Gut versteckt, befindet sich der Eingang zum Nest an der Unterseite der Wohnkugel.

Dominikanerwitwe

Der Marabu wartet geduldig, ob der Schreiseeadler einige Fischreste für ihn übrig lässt.

Der bis zu einem Meter große Sperbergeier ähnelt, vor allem im Sitzen, sehr dem Weißrückengeier. Untrügliches Unterscheidungsmerkmal: die zwei kahlen Stellen im Brustgefieder.

Balzender Leierschwanzwida (Männchen).

Graukopfliesl

Grauhals-Kronenkraniche

NACH DEM REGEN

Es gibt schöne und interessante Blumen in der Mara, aber man muss sie suchen. Was in der Trockenzeit vergeblich ist, ändert sich nach der Regenzeit. Doch wer ein Blütenmeer erwartet, wird enttäuscht.
Eine einzige Blume gibt es allerdings, die jedem nach der Regenzeit auffällt, und das ist die Feuerball-Lilie.
Sie wächst in der weit offenen Savanne meistens alleine oder als ganz kleine Gruppe. Man sieht sie schon von weitem und kann es eigentlich nicht glauben, dass auf dieser weit offenen, kurzrasigen Savanne auf einmal eine so beeindruckende Blume steht wie die Feuerball-Lilie.
Von den großen Weidetieren wird sie weitgehend ignoriert, weil sie wahrscheinlich nicht schmeckt. Würde sie es tun, hätte sie keine Chance und wäre in einer Generation ausgestorben. Denn zu übersehen ist sie durch ihre Farbe und Größe durch keinen der Pflanzenfresser. Ob diese allerdings ihre Pracht realisieren, ist zur Zeit noch unbekannt. Das klären Forscher der kommenden Generationen.

Nach einem kräftigen Regen blühen die Feuerball-Lilien in ihrer ganzen Pracht.

Die farbenprächtige Ruhmeslilie
(Gloriosa superba).

Opuntia
(Feigenkaktus)

Die Blüte des Stechapfels, auch Engelstrompete genannt (Datura stramonium).

Selbst die an alten Baumstämmen stehenden Pilze (Glänzender Lackporling) beeindrucken durch Form und Farbe.

In vielen Akazienbäumen findet man solche Pseudo-Gallen mit kleinen Löchern, die man auch auf diesem Foto entdecken kann, wenn man genau hinschaut. Ameisen machen diese Löcher und höhlen dann die Pseudo-Gallen aus, um so ein Heim für den Nachwuchs zu haben. Sie beschützen den Baum gegen Angriffe von Insekten, die Früchte und Blätter attackieren, und fressen dafür als „Gegenleistung" den Nektar der Blüten vom Baum.Bei starkem Wind produzieren die Ameisentunnel ein pfeifendes Geräusch, das einer Akazie den englischen Namen „Wistling Thorn" gab.

DIE GROSSEN KATZEN

Neben den beeindruckenden Wildtierherden sind es vor allem die großen Raubkatzen, die den Besucher der Masai Mara begeistern. In der vielfältigen Landschaft finden diese Tiere eine optimale Lebensgrundlage, so dass viele der Katzenarten in diesem Gebiet noch häufig anzutreffen sind. Der Löwe etwa, der auch gerne als König der Tiere bezeichnet wird, erreicht im Masai Reservat die höchste Bestandsdichte Afrikas.
Diese imposante Großkatze war vor wenigen tausend Jahren noch in einigen Gebieten Europas und Persiens ein gefürchteter Fleischfresser, bevor sie durch die Bejagung des Menschen ausgerottet wurde. Heute gibt es nur noch in Afrika und Vorderindien gesicherte Bestände. Mit einer Körperlänge von etwa zwei Metern und einem Gewicht über 190 Kilogramm ist der Löwe die kräftigste der großen Raubkatzen in Afrika.
Im Laufe seiner Entwicklungsgeschichte hat er es verstanden, sich unterschiedlichsten Lebensräumen anzupassen, die von Bergregionen über offene Graslandschaften bis hin zu Baumsteppen reichen. Eine Verhaltensweise, die dem Löwen unter den Katzenarten eine Sonderstellung einräumt, ist das Leben im Rudel. Solche Gemeinschaften können in Gebieten mit großen Beutetierbeständen nicht selten aus bis zu dreißig Tieren bestehen. In der Mehrzahl sind es weibliche, blutsverwandte Löwen, die im gleichen Rudel leben. Der Grund für dieses Ungleichgewicht der Geschlechter ist, dass die männlichen Familienmitglieder bei Erreichen der Geschlechtsreife die vertraute Gemeinschaft verlassen. Sollte ein Männchen oder eine so genannte Koalition von bis zu fünf Männchen stark genug sein, können sie für ein paar Jahre selbst ein Rudel beherrschen und sich im Kampf gegen männliche Rivalen verteidigen.
Es sind vorrangig die Weibchen, die gern im Schutz der Nacht auf Jagd gehen, wobei Zebras, Gnus und Antilopen die Hauptbeutetiere bilden. Besonders oft lauern sie dabei ihren Opfern an Wasserstellen auf, um sie mit einem Überraschungsangriff zu überwältigen. Dabei springt der Löwe mit einer hohen Laufgeschwindigkeit sehr großen Beutetieren auf den Rücken und versucht sie so, zu Boden zu werfen. Meist richtet sich der Löwen-Angriff auf den Hals oder Nacken, um die Beute durch das Gewicht des Löwen zu Boden zu ziehen. Jagen die Tiere im Rudel, wird das Wild in einen Hinterhalt gelockt.
Im Jahresdurchschnitt werden bis zu 20 große Huftiere pro Löwe erbeutet, wobei diese Zahl, abhängig von den Wildtierbeständen, stark schwanken kann. Kommt es in Folge einer Dürrezeit zum Abwandern von Weidetieren aus dem Streifgebiet der Raubkatzen, müssen sich die Tiere über längere Zeiträume mit kleinen Säugetieren und notfalls Eidechsen begnügen. Besser haben es da die nomadisierenden Löwen, die nicht an ein Territorium gebunden sind. Als Einzeltiere ohne feste Rudelbindung können sie den Weidetieren auf ihren regenzeitlichen Wanderungen folgen und sind somit weniger von Futterengpässen bedroht.
Ein ausgesprochener Einzelgänger ist der geschmeidige Leopard. Diese gefleckte Katze ist nur während der Paarungszeit in Gemeinschaft zu beobachten. Sieht man doch einmal mehrere Leoparden an einem Ort zusammen, handelt es sich meist um ein Muttertier mit ihrem Nachwuchs. Bis zu fünf Junge kann eine Leopardin gebären, wobei es im Durchschnitt zwei sind.
Eines der besten Gebiete, um die beeindruckende Großkatze in ihrem Verhalten zu studieren, ist die Masai Mara. Hier haben sich einige Tiere in den letzten Jahren derart an den Menschen gewöhnt, dass die ansonsten eher versteckt lebenden Raubkatzen hier in ihrer natürlichen Umwelt manchmal zu beobachten sind. Zwar ist der Leopard auch außerhalb der Naturreservate in Kenia verbreitet, wird dort aber wegen seiner nächtlichen Lebensweise nur selten bemerkt. Sein Lebensraum erstreckt sich dabei von den trockenen Savannengebieten bis hin zu Dornbuschsteppen. Den Tag über verbringen die Tiere versteckt im dichten Gestrüpp oder auf einem Baum, bevor sie mit Einbruch der Dämmerung auf Jagd gehen.
Zu den bevorzugten Beutetieren der Leoparden zählen mittelgroße Säugetiere, aber auch kleinere Nager, Echsen und Vögel. Größere Beutetiere, von denen der Leopard mehrere Tage fressen kann, schleppt die kräftige, gefleckte Katze mit Vorliebe auf einen Baum, wo sie fest verkeilt dem möglichen Zugriff von Löwen, Hyänen, Schakalen und anderen Beuteräubern entzogen wird.
Während Löwen und Leoparden sich meist schleichend ihrer Beute nähern, ist der Gepard ein Meister des Sprints. Als schnellstes Säugetier der Welt erreicht dieser schlanke

Im Masai Reservat erreicht der Löwe die höchste Bestandsdichte Afrikas.

Jäger kurzfristig Geschwindigkeiten von über 100 Stundenkilometern. Dabei nähert er sich seiner ahnungslosen Beute, um dann in rasendem Tempo das Beutetier förmlich zu überrennen.

Der Gepard jagt im Gegensatz zu den anderen Katzen ausschließlich am Tage, wobei er die frühen Morgen- und späten Nachmittagsstunden bevorzugt. Da der Gepard kein Aas verzehrt, wie oft bei Löwen oder anderen Raubkatzen zu beobachten, muss sich die schnelle Katze alle zwei bis drei Tage auf die Jagd begeben, um ihren Hunger nach frischem Fleisch zu stillen. Die Hauptbeutetiere der Geparde sind Gazellen, Hasen oder Jungtiere anderer Savannenbewohner. Trotz der enormen Laufgeschwindigkeit des Geparden kann es vorkommen, dass bis zu ein Drittel seiner Jagdzüge ohne Erfolg bleiben. Wieviel Energie der Gepard bei dieser Jagdmethode verbraucht, wird deutlich, wenn er nach einem seiner schnellen Sprints minutenlang außer Atem ist, bevor er erneut ein weiteres Beutetier verfolgt.

Leider sind Geparde in ihrem Bestand stark gefährdet, und es bedarf Reservate wie der Masai Mara, um diesen wunderbaren Tieren ein Überleben zu ermöglichen.

Wenn Löwen sich paaren, dann tun sie das ausgiebig und nicht weniger als 30- bis 40-mal an einem Vormittag.

DUMM GELAUFEN

Am Morgen gegen 10.45 zogen drei Kaffernbüffel gleichmütig vor sich her trottend durch die Masai Mara. Sie machten einen gelangweilten und uninteressierten Eindruck. Langsam näherten sie sich einer Gebüschgruppe, und das war keine sehr gute Idee. Sie gingen nämlich - gemächlich zwar, aber „zielstrebig" – auf eine Gruppe von elf Löwinnen zu, die da faul herumlag, und eigentlich überhaupt nicht jagen wollte.
Aber was soll man als Löwe machen, wenn drei Kaffernbüffel sich auf einen zubewegen? Die Löwinnen entschlossen sich also zum Angriff – sie hatten eigentlich überhaupt keine andere Wahl – und töteten die Büffel so ruck-zuck. Es war schon fast peinlich einfach: Die Löwinnen trabten auf die Büffel zu, packten sie an die Kehlen und damit war die Sache quasi erledigt.
Hier auf dem linken Bild sieht man „schön" die beiden Tötungsarten der Löwen. Im Vordergrund packt die Löwin den Kaffernbüffel an der Kehle und erstickt ihn, und im Hintergrund drückt eine andere einem weiteren Opfer das Maul zu und erstickt es ebenfalls. Beide Tötungsarten sieht man auch auf den beiden rechten Bildern. Interessant ist, das Löwinnen den Kaffernbüffeln oft „liebevoll" über das Maul lecken, nachdem diese tot sind.

Zwei Löwen haben einen Kaffernbüffel in ihren Klauen. Für den Kaffernbüffel ist in dieser Situation eine Verteidigung schwierig, da er sich seine Angreifer nicht durch sein Gehörn vom Leib halten kann.

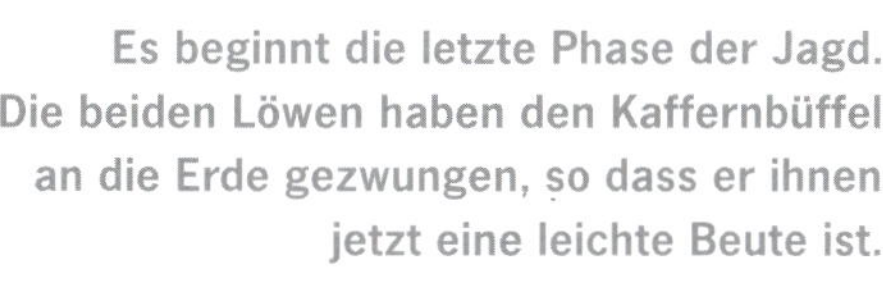

Es beginnt die letzte Phase der Jagd. Die beiden Löwen haben den Kaffernbüffel an die Erde gezwungen, so dass er ihnen jetzt eine leichte Beute ist.

Das Fell junger Löwen ist mit dunklen Flecken durchsetzt, die meist jedoch schon während des ersten Lebensjahres verblassen. Im Rudel kümmern sich alle Weibchen gemeinsam um den Nachwuchs. Erst im Alter von drei Jahren ist die Schonzeit vorbei, und die männlichen Löwen werden aus dem Rudel vertrieben.

ZEHN GUTE PLÄTZE, UM GROSSE KATZEN ZU BEOBACHTEN

1. Der Talek Fluss
Bäume und Einbuchtungen an beiden Seiten des Flusses kontrollieren nach schlafenden Leoparden.

2. Die Paradise Plain
Während der Gnu-Wanderungen ein beliebtes Jagdrevier der Geparde.

3. Die Rhino Ridge
Heimat des Ridge-Löwenrudels. Nördlich vom Intrepids Camp.

4. Die Bila Shaka Lugga
Heimat des Marsh-Löwenrudels. Nahe beim Governors Camp.

5. Die Windmill-Gegend
Außerhalb des Reservates. Heimat der Leopardin „Zawadi" (in Fernsehfilmen auch „Shadow" genannt), und ihren Kindern. Zawadi ist die Tochter von „Half Tail".

6. Der Musiara Sumpf
Hier sind fast immer Löwen anzutreffen. Geheimtipp für Naturfotografen: Wenn alles „tot" ist, dann zum Musiarasumpf fahren. Irgendetwas geht hier immer …

7. Die Main Crossing
Zur Zugzeit sind hier tausende von Gnus anzutreffen und auch oft Löwen.

8. Das Gebiet zwischen Kitchwa Tembo und Little Governors Camp
Schönes Löwenrudel mit zwei Männchen und mindestens fünf Weibchen (2005).

9. Das Gebiet am Mara Serena Camp
Eine gute Gegend um Geparde zu sehen.

10. Die Rhino Ridge auf der Governors Camp-Seite
Immer gut für Löwen und Geparde. Besonders spektakulär zu Zeiten der Tierwanderungen.

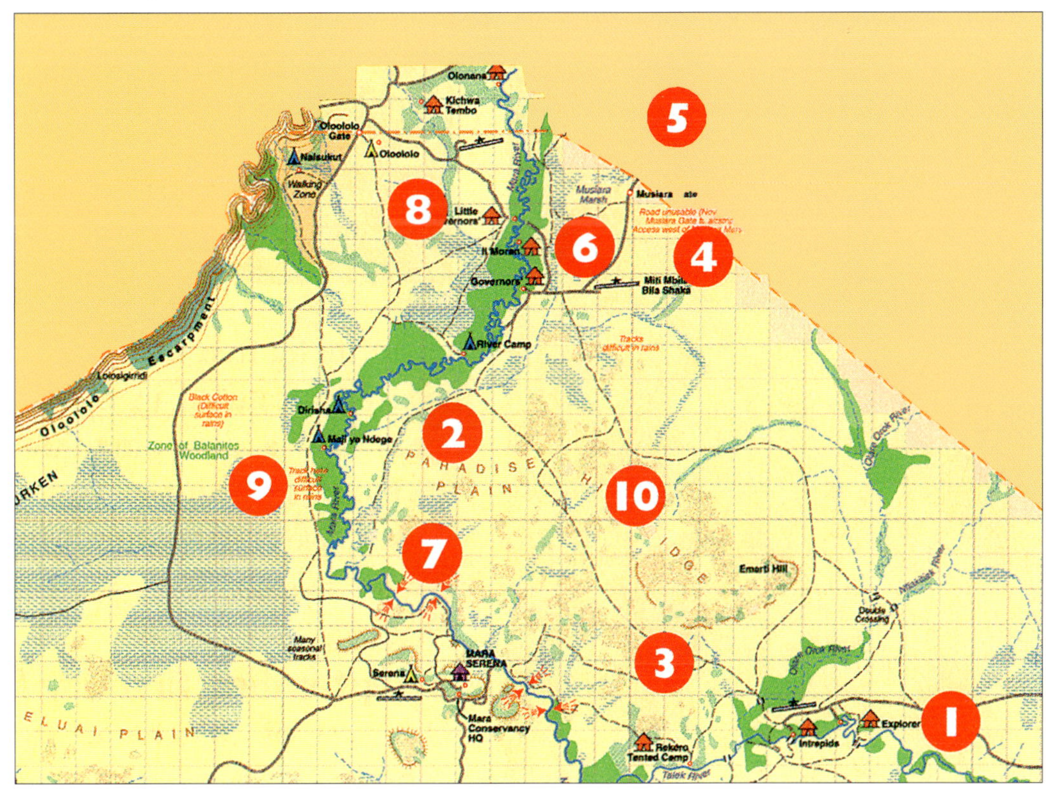

DIE GEWINNER

Löwen trifft man in Ostafrikas Nationalparks fast überall an. Sie – und die Hyänen – sind die Gewinner des Parksystems. Sie erreichen hier eine Populationsdichte, die ohne Parks nicht möglich wäre. Im Gebiet von Bilaschaka etwa, in der nördlichen Masai Mara in der Nähe des Governors Camp, ist immer ein Rudel Löwen anzutreffen, weil dieser Wald- und Buschstreifen ein guter Jagdgrund ist mit seinen tiefen Gräben, Gewässern und einer umgebenden offenen Landschaft. Vor einigen Jahren allerdings kamen im Dezember wegen der Trockenheit so viele Kaffernbüffel und Zebras hierher, dass die Löwen mit dem Reißen ihrer Beute überfordert waren. Das ganze Gebiet war übersät mit toten und halb gefressenen Tieren, so dass wir Bilaschaka in „Metzgerei“ umtauften.

Junge Löwen in der Masai Mara. Noch wirken sie wie niedliche Kätzchen, die zum Streicheln einladen.

GEPARDE – WUNSCH UND WIRKLICHKEIT

Wir lieben Geparde: sie sind schön, elegant und friedlich. Soweit bekannt, hat noch nie ein Gepard einen Menschen getötet. Auf keiner Safari darf der Anblick von Geparden fehlen. Alle Touristen sind immer begeistert und schwärmen nachher in der Lodge oder im Camp davon, wenn sie auf der Pirschfahrt einen Gepard oder eine Gepardin mit Jungen getroffen haben.

Die Tiere der Savanne sehen dies etwas anders. Eine Gepardin, die Junge hat, kann einen ganzen Landstrich von jungen und trächtigen Antilopen entvölkern. Manche Gepardin schlägt am Tage bis zu acht kleine Tiere. Sie schaut einfach, wo eine Antilope mit ihrem Kind steht und läuft dann langsam dorthin. Sobald die Gepardin näher kommt, wird das Muttertier ihr Kind verlassen, welches sich auf den Boden drücken wird. Dort braucht die Gepardin es dann nur aufzunehmen, zu fressen oder den Jungen zu bringen.

Das Leben ist nicht fair, auch nicht in der so oft beschworenen „herrlichen und wundervollen Natur". Gepardinnen etwa jagen am liebsten trächtige Weibchen, weil sie naturgemäß während der Schwangerschaft nicht so schnell und daher leichter zu erbeuten sind. Denn Nahrung zu beschaffen ist ein schwieriges und gefährliches Geschäft und das macht man sich natürlich nicht unnötig schwer.

Zwei Gepardenkinder schauen erwartungsvoll der Mutter entgegen.

Geparde sind die schnellsten Landsäugetiere mit ungefähr 110 Kilometer in der Stunde. Allerdings nur auf der Kurzstrecke. Wenn sie ihre Beute nicht nach wenigen hundert Metern erreicht haben, müssen sie aufgeben. Diese Sprintjagd erschöpft sie so sehr, dass sie nachher oft Minuten neben der Beute liegen, um sich zu erholen, bevor sie anfangen zu fressen oder die Jungen holen.

Hier links sehen Sie eine meiner schönsten Gepard-Aufnahmen, die Friede, Emotionen und Überraschung gleichermaßen zeigt. Diese Gepardin hatte nur ein Junges behalten, um das sie sich aber mit aller Fürsorge kümmerte. Die anderen beiden waren in den ersten Lebenswochen verschwunden: ob von Feinden gefressen oder an Krankheiten gestorben, konnten wir nicht feststellen. Eines Morgens, als beide noch am Schlafplatz lagen, wollte die Mutter noch nicht mit der Tagesarbeit – Beute machen – beginnen, das Kleine war aber schon rege. Plötzlich kreiste ein Insektenschwarm über den Köpfen der beiden Geparde und der Kleine schaute verwundert und erstaunt zu diesem Phänomen hoch, das er noch nie vorher in seinem kurzen Leben gesehen hatte. Die ganze Szene dauerte nur etwa 10 Sekunden, dann war alles vorbei und die „allein erziehende Mutter" begab sich auf die Jagd, um ein Frühstück für die Kleinfamilie zu besorgen.

PORTRÄT EINER LEOPARDEN-FAMILIE

Die Leopardin „Paradies“ sah ich zum ersten Mal im Dezember 1991. Damals stand ich mit einem Toyota Landcruiser in der Nähe der Feigenbaumallee an einem Graben und beobachtete eine Gepardin, die dort mit ihren fünf Jungen ruhte.
Plötzlich schoss sie hoch und verschwand zur anderen Seite im Graben hinter einer Kurve. Dreißig Meter weiter kamen zwei Katzen in einer wilden Verfolgungsjagd aus dem Graben hoch – erst ein Leopard und dann die ihn verfolgende und vertreibende Gepardin. Etwa zweihundert Meter später machten beide Halt und knurrten sich aus der Distanz an. Zufällig kamen fünf Landrover vom Govenors Camp mit Touristen vorbei, stellten sich zwischen die beiden Katzen und unterbrachen so den Blickkontakt. Etwas später kehrte die Gepardin zu ihren Jungen zurück, und die junge Leopardin zog in die andere Richtung weiter zur Feigenbaumallee.
Auffallend war, dass sie den Autos gegenüber überhaupt nicht scheu war, genauer gesagt, sie beachtete die Fahrzeuge nicht und behandelte sie, als wären sie nicht vorhanden. Hier gelang mir das erste Porträt dieser besonderen Leopardin. Damals wusste ich natürlich noch nicht, was ich alles mit ihr erleben sollte und kannte auch ihren Namen nicht. Alles fügte sich erst später zusammen, als ich die Fotos von dieser Begegnung mit späteren Aufnahmen verglich. Denn so wie man jeden Menschen an seinem Fingerabdruck erkennen kann, lässt sich jeder Leopard an seiner Fellzeichnung erkennen. Sie ist praktisch sein „Fingerabdruck“.

Die Leopardenmutter schaut aus einer Höhle in der Feigenbaumallee, in der sie zwei kleine Kinder versteckt hat.

Tochter Beauty turnt durch ein Felsgebiet der Feigenbaumallee.

Drei Tage nach dieser Begegnung wurden die Gepardin und ihre fünf Jungen von einem Leoparden getötet. Es war wahrscheinlich Paradies, die Revierinhaberin dieses Gebietes um die Feigenbaumallee und die Leopardenschlucht.

Ihren Namen hatte sie von Fahrern der Camps in der nördlichen Masai Mara erhalten, weil sie kurze Zeit vorher aus der Paradies-Ebene im Masai Mara Wildreservat in dieses felsige Gebiet zwischen den Aitong-Bergen und dem Mara Fluss gekommen war. Die auf Masai Weideland gelegenen Feigenbaumallee und Leopardenschlucht sind ideales Leopardenbiotop, mit Felsen, wunderschönen und für sie bequemen Feigenbäumen, idealen Gräben zum Anschleichen, wenig Löwen und wenig Hyänen, aber vielen Beutetieren.

Wovon Paradies ihre Nonchalance fast allem gegenüber (auch Löwen) und ihre völlige Indifferenz gegen Autos und Touristen geerbt hat, ist unklar. Ein Beispiel: Paradies saß am Rande der Feigenbaumalle, als sich von hinten eine Löwin anschlich. Paradies beachtete diese überhaupt nicht. Als die Löwin zu einem Sprung ansetze, hüpfte Paradies einfach zur Seite, und die Löwin sprang daneben. Ein fast unglaubliches Verhalten einer Leopardin einem Todfeind entgegen. Paradies war auch der einzige Leopard, den ich je kennengelernt habe, der Autos als Tarnung benutzte, wenn er Beute anschlich, und der sich sogar unter Autos hindurch schleichend seiner Beute näherte.

PARADIES WIRD HALF-TALL

Paradies, einer von etwa 250 Leoparden der Masai Mara, hatte sich in ihrer neuen Heimat eingerichtet und war sesshaft geworden. Im Sommer 1992 machte sie einen Fehler, als sie aus ihrer Unbekümmertheit heraus am hellen Tag auf einem Felsplateau eine große Pavianherde angriff und ein Jungtier erbeutete. Das erboste die Pavianmännchen dieser Gruppe so sehr, dass alle voller Zorn über Paradies herfielen, und ihr in einer gemeinschaftlichen Aktion einen Teil ihres schönen, langen Schwanzes abbissen. Man sah dort für Augenblicke nur ein Knäuel aus Leopardenpunkten und fünf oder sechs großen Pavianmännchen sich in einer Staubwolke am Boden wälzen, bevor sich Paradies befreien konnte und auf einen hohen Baum flüchtete – davongekommen – aber nur noch mit einem halben Schwanz.
Ab jetzt war sie für alle unverwechselbar geworden und ihr Name wurde geändert in „Half-Tail".

In einem Graben tief unter einer alten Baumwurzel hat die Leopardin ein Impalakitz versteckt.

Leoparden haben verschiedene Klettertechniken für auf- und abwärts.

BEAUTY – DIE ERSTE TOCHTER

Im November 1992 bekam Half-Tail das erste Junge, welches überlebte. Es war ein Weibchen, und weil es mit seinem Schwanz in richtiger Länge – wenn es neben der Mutter mit dem verkürzten stand – ganz großartig aussah, tauften wir es auf den Namen „Beauty".

Zur Welt gebracht hatte Half-Tail die Tochter Beauty in einer Felsenhöhle der Feigenbaumalle, von der sie nach ein paar Wochen in ein etwa fünf Kilometer entferntes Gebiet umzogen, das sich Emarti ya Faru nennt, was so viel heißt wie „Land der Nashörner". Die gibt es aber leider dort nicht mehr, weil sie alle aus den bekannten Gründen gewildert wurden.

Die beiden lebten dort die nächsten drei Monate und Half-Tail brachte ihrer Tochter alles bei, was eine junge Leopardin wissen muss: u.a. welche Tiere Feinde und welche harmlos sind, mit welchen es einen Burgfrieden gibt, so lange keine Nahrung im Spiel ist (Hyänen). Im April waren beide plötzlich verschwunden, man sah sie mal hier und mal da, und es war offensichtlich, dass Half-Tail jetzt der Tochter die ganze, etwa 30 bis 40 Quadratkilometer große Heimat zeigte.

Im September 1993, also im Alter von nur zehn Monaten, fing Beauty schon an, sich selbstständig zu machen, was ganz erstaunlich ist, weil junge Leoparden sich laut Fachliteratur erst mit 18 Monaten langsam von der Mutter abnabeln. Bereits mit 12 Monaten erbeutete sie selbst größere Tiere wie Impalas oder Thompsongazellen – was für ein erstaunliches Mädchen!

Mutter Half-Tail
ganz entspannt im
Hier und Jetzt.

Auch stacheliges Gehölz stört einen Leoparden nicht bei seinem Nickerchen.

MANG'AA UND TARATIBU

Im November 1993 entdeckten wir dann, warum Beauty so früh selbstständig geworden war - Half-Tail bekam zwei neue Junge, die sie ebenfalls in der Feigenbaumallee zur Welt brachte. Sie wählte dafür eine Felsenhöhle, die nur etwa 200 m von der ersten entfernt lag. Diesmal waren es eine Tochter und ein Sohn. Später, als wir die beiden Leopardenkinder besser kannten, tauften wir sie „Taratibu" und „Mang'aa", was in der Landessprache etwa „Vorsichtig" und „Unbekümmert" heißt. Die Tochter Taratibu war wirklich vorsichtig, immer hinter Mama bleibend, oder im sicheren Versteck, wenn diese nicht da war. Wohingegen der Sohn Mang'aa offensichtlich das coole Wesen seiner Mutter geerbt hatte. Er legte sich völlig schutzlos stundenlang auf große Felsbrocken, wo ihn jeder sehen konnte; oder er pirschte sich mit nur vier Monaten schon bis auf drei Meter an Elefanten heran, während Taratibu dem Treiben des Bruders aus sicherer Distanz zuschaute. Die große Schwester Beauty ließ aber den Kontakt zu ihrer Familie nicht abbrechen und lebte mit ihnen im Heimatrevier.

Manchmal erbeutete sie Tiere ganz in der Nähe der Höhle, in der die kleinen Geschwister lagen, und deponierte sie dort auf Bäumen. Manchmal duldete Half-Tail sogar, dass Beauty mit den kleinen Geschwistern spielte. Ein Verhalten, das bis dahin wahrscheinlich noch nie im Foto dokumentiert werden konnte.

Im November 1994, im Alter von fast genau einem Jahr, wurde die vorsichtige Taratibu eines Nachts von einer Löwin getötet. Wir fanden sie am frühen Morgen im offenen Gelände, und konnten an den Bissspuren und den Tatzenabdrücken im Schlamm erkennen, dass eine Löwin sie getötet haben musste. Bald darauf entdeckten wir sie, die deutliche Kampfspuren zeigte: Verschlammte Kratzspuren am Vorderkörper sowie ein geschlossenes und stark verschwollenes Auge mit einer blutenden Kratzwunde, die ihr die sich sicher verzweifelt wehrende Taratibu im Todeskampf beigebracht hatte.

So schaut eine Leopardin, wenn sie Beute entdeckt hat und sich anschleicht.

Während die Mutter unterwegs ist, spielen die Geschwister Mang'aa und Taratibu ausgelassen in einem Graben.

ZAWADI – DAS ZWEITE EINZELKIND

Ende Januar 1996 hatte Half-Tail wieder zwei Junge bekommen, die sie diesmal in der Leopardenschlucht zur Welt brachte. Eines der beiden Kleinen war allerdings bald gestorben. Man sah es zuletzt im Alter von etwa vier Wochen. Ob Löwen, Hyänen, Krankheiten oder andere Ursachen zum Tode führten, weiß man nicht. Das überlebende Jungtier war ein sehr dunkel gefärbtes Weibchen und Half-Tail schenkte ihm als Einzelkind viel mehr Aufmerksamkeit als dem Wurf vorher. Sie war häufiger mit ihm auch am Tage zusammen, spielte und tollte mit ihm länger und intensiver. Weil ihre Tochter uns durch ihr Verhalten so zauberhafte Beobachtungen erlaubte, tauften wir sie auf den Namen Zawadi (Geschenk). Die kleine Leopardin schien den mutigen Charakter ihrer Mutter geerbt zu haben, ebenso wie Mang'aa, der auch heute im Alter von etwa zweieinhalb Jahren Autos gegenüber immer noch völlig unbekümmert ist. Beauty dagegen ist wesentlich scheuer geworden und verschwindet sofort, wenn sich ihr Autos nähern. Interessant ist, dass sich die Heimatgebiete von Half-Tail und Beauty immer noch überschneiden, obwohl die Tochter jetzt schon dreieinhalb Jahre alt ist. Im März 1996 hatte man die beiden wieder einmal zusammen gesehen. Beauty hatte ein junges Warzenschwein erbeutet und in einem Baum deponiert, etwa zwei Kilometer vom dritten Wurf der Mutter entfernt. Später sah man Mutter und große Tochter einträchtig zusammen an der Beute fressen. Auch Mang'aa lebt noch im Revier seiner Mutter, und zwar bevorzugt im südwestlichen Teil, in der Gegend um das „No Camping Wäldchen".

Die fantastische Leopardenschlucht in der Masai Mara, die schon viele Schicksale der großen Katze gesehen hat.

EIN MAASAI-PFEIL

Im Dezember 1996 hatte Half-Tail ein übles Erlebnis. Ein etwa 20-jähriger junger Maasai verwundete sie schwer durch einen Pfeil, der in ihrem Kopf stecken blieb. Die Parkranger ließen einen Tierarzt aus Nairobi einfliegen, der sie mit dem Narkosegewehr betäubte und den Pfeil dann entfernte. Anschließend schossen die Ranger eine Thompsongazelle und legten sie in die Nähe der betäubten Leopardin, damit sie für die ersten Tage Nahrung hatte, wenn sie erwachte. Half-Tail hatte Glück: Die Wunde verheilte problemlos, und nach einigen Wochen war nichts mehr von der Verletzung zu sehen. Der junge Maasai wurde wegen dieser mutwilligen Tat aus der Dorfgemeinschaft ausgeschlossen.

TOD IM FELSEN

Im Oktober 1997 hatte Half-Tail wieder zwei Junge in der Leopardenschlucht bekommen. Leider war ihnen kein langes Leben vergönnt, denn wenige Wochen nach ihrer Geburt durchstreifte ein fremdes, etwa drei Jahre altes Leopardenmännchen (nicht der Vater der Kleinen) dieses Gebiet. Es entdeckte die beiden Leopardenkinder in ihrer Höhle und tötete sie während der Abwesenheit der Mutter. Als Half-Tail einige Zeit später zurückkam und den fremden Leoparden entdeckte, gab es einen wilden Kampf, wobei das Männchen etwa zehn Meter von einem Baum herunter in die Tiefe fiel und dann verschwand. Von Löwen weiß man, dass fremde Männchen die Kleinen der Weibchen töten, wenn sie ein Löwinnenrudel übernehmen. Bei Leoparden hatte man dies bisher noch nie beobachtet, wohl wegen der heimlicheren Lebensweise dieser Katzen.

WASIWASI UND SHUJAA

Anfang Oktober 1998 kam mir am Morgen gegen sieben Uhr im Gebiet um den Kichwa-Tembo-Busch Half-Tail mit einem jungen Warzenschwein in der Schnauze entgegen, zielstrebig und gradlinig durch die Savanne ziehend. Nach etwa einer halben Stunde Wanderung erreichte sie einen tiefen Graben, verschwand darin, tauchte auf der anderen Seite wieder auf. Sofort kam ein kleiner Leopard, etwa drei Monate alt, auf sie zugelaufen, begrüßte seine Mutter, spielte mit ihr und trank anschließend Muttermilch. Erst eine gute halbe Stunde später tauchte ein zweites Junges auf, sehr scheu, sehr vorsichtig. Es trank draußen im offenen Gelände keine Milch wie sein Geschwister, sondern die Mutter musste mit ihm dazu in den Schutz des Busches gehen.
Wir tauften später dieses junge Männchen „Wasiwasi", was „scheu" heißt, und seine Schwester, die sich in den nächsten Wochen als mutig und unbekümmerter zeigte, auf „Shujaa", was „stark und entschlossen" bedeutet.
Dass Half-Tail jetzt diese beiden Jungen zwischen Kichwa Tembo Busch und Mara-Fluss zur Welt gebracht hatte, mag daran liegen, dass im Bereich der Leopardenschlucht ihre beiden letzten Kinder getötet wurden. Seit diesem traumatischen Ereignis meidet Half-Tail ihre bisherige, lebenslange Heimat. Das neue Gebiet, von den Maasai „Mataneti" genannt, ist anscheinend ideal für eine Leopardin mit zwei kleinen Kindern: In den letzten zwei Wochen haben wir hier keinen Löwen gesehen, keine Hyäne und keinen Maasai – also ein Leopardenparadies.
Half-Tail's erste Tochter Beauty brachte wahrscheinlich 1997 ihre ersten Kinder zur Welt, die aber vermutlich auch von diesem Leopardenmännchen getötet wurden.
Im März 1999 bekam Tochter Zawadi ihre ersten zwei Jungen, und machte dadurch Half-Tail zur Großmutter. In den nächsten Jahren brachte sie weitere Junge zur Welt, die jedoch bis auf eine Tochter, die wir „Dark" tauften, getötet wurden. Wenn von neun Kindern in drei Jahren nur eines überlebt, spricht dass für ziemlich harte Lebensbedingungen.
Im Sommer 1999 wäre Half-Tail zwölf Jahre alt geworden. Leider tötete im Juli ein Maasai-Hirte sie mit einem Speer, als er seine Ziegenherde gegen ihren Angriff schützen wollte.
Eine Ära in der Masai Mara ging zu Ende.

Hier hat ein starkes Leopardenmännchen seine Beute vor Löwen und Hyänen in die Sicherheit eines Baumes gebracht. Einen bequemeren Ast als diesen, um in aller Ruhe zu fressen, wird es wohl kaum geben.

REISE-INFORMATIONEN

UNTERKÜNFTE IN DER MASAI MARA

Keekorok Lodge
Dies ist die älteste Lodge in der Masai Mara und wurde 1965 eröffnet. Sie hat ein Flugfeld, Benzin, kleine Läden und Swimmingpool. Man kann Ballonfahrten machen und es ist Platz für 200 Gäste. Hier liegt auch das Hauptquartier des Reservates.

Mara Sarova
Gelegen an der C12 direkt hinter dem Sekenani Tor. Ein modernes Haus mit Restaurant, Swimmingpool und Ballonfahrten.

Sekenani Camp und Mara Sopa Lodge
Beide befinden sich direkt neben dem Reservat mit 10 Zelten und der Lodge. Mara Sopa liegt in den Bergen und man schaut über das Oloolaimutiatal. Die Lodge hat drei Bars (falls man wieder mal keine Leoparden gesehen hat).

Siana Springs
11 km vor dem Sekenani Tor und 3,5 Stunden von Nairobi entfernt liegt dieses Zeltcamp. Es gibt einen Swimmingpool und Platz für 76 Gäste.

Mara Intrepids Club und Fig Tree Camp
Beide gelegen am Talekfluss. Intrepids hat 30 luxeriöse Zelte im Kolonialstil. Mit Swimmingpool, Airstrip und Heißluftballons.

Mara Serena Lodge
Liegt auf dem Ol Donyo Oseyia Hügel und ist 1973 eröffnet worden. Hat 78 Zimmer und den am schönsten gelegenen Swimmingpool in der ganzen Mara, mit Blick über die weite Savanne. Ballonfahrten möglich.

Governor's und Little Governor's Camps
Beide liegen im Reservat am Marafluss. Sie haben 40 (Little: 17) Luxuszelte. Es gibt Fahrten im Heißluftballon. Eines der ältestens Camps in der Mara.

Kichwa Tembo
Am Rande des Reservates, nahe zum Marafluss und 3 km vor dem Oloololo Tor. Es hat 45 Zelte und Swimmingpool. Nur hier in den Wäldern um das Camp kann man den White-nosed (copper-tailed) Monkey sehen.

Mara River Camp
Hatte 14 Zelte, lag direkt am Marafluss und war das Lieblingscamp aller Naturfotografen. Wurde leider 2003 für immer geschlossen.

Mara Buffalo Camp
Liegt etwa 20 km Marariver flussaufwärts vom Reservat und hat den besten Hippopool am Fluss. Mit einem eigenen Flugfeld, schönen Zelten und festen Häusern gehört es dem African Safari Club und steht unter deutschsprachiger Leitung. Wird fast täglich von Mombasa aus mit eigenen Maschinen des African Safari Clubs angeflogen. Sehr gut geeignet für einen 3-tägigen Kurzaufenthalt.

Olkurruk Mara Lodge
Die neueste und kleinste Lodge. Liegt fantastisch beim Siria Escarpment in 1900 m Höhe. Einige der Schlussszenen von OUT OF AFRICA wurden hier gedreht.

BITTE HELFEN SIE DIESES RESERVAT ZU SCHÜTZEN, INDEM SIE FOLGENDE VORSCHRIFTEN BEACHTEN:

- Stellen Sie sicher, dass Sie das Reservat rechtzeitig erreichen. Alle Tore werden um 6.30 Uhr geöffnet und um 19.00 Uhr geschlossen. Ausnahmen werden nicht gemacht!
- Bringen Sie keine Haustiere mit in das Reservat. Das Gebiet gehört allein den Tieren der Wildnis.
- Radios, Kassettenrecorder und Plattenspieler sind im Reservat nicht erlaubt. Erschrecken Sie die Tiere nicht durch Hupen, Trommeln auf das Auto oder irgendeine andere Art.
- Pirschfahrten sollten immer von einem Ranger begleitet werden. Beim Auffinden der Tiere ist er genauso behilflich wie bei möglichen Pannen an Ihrem Fahrzeug. Das Game-Office hilft Ihnen bei der Vermittlung.
- Die Geschwindigkeitsbegrenzung für Fahrzeuge im Reservat beträgt 50 km/h. Tiere haben immer Vorfahrt.
- Lassen Sie Ihren Fahrer mit dem Wagen nicht zu nahe an die Tiere. Begeben Sie sich nicht in Gefahr, indem Sie sich auf das Wagendach setzen oder aus dem Fenster lehnen.
- Bitte bleiben Sie in Ihrem Auto, außer auf offiziellen Haltestellen. Denken Sie daran, dass es sich um wilde Tiere handelt, die gefährlich sein können.
- Bleiben Sie auf den Wegen. Beschädigen Sie nicht die Vegetation durch Schneiden von Stöcken, Ausreißen von Pflanzen.
- Bitte sammeln oder entfernen Sie keine Tierknochen oder andere Reste – wie Häute, Hörner, Zähne, etc.
- Werfen sie keine brennenden Zigaretten aus dem Fahrzeug. Lassen Sie keinen Abfall im Reservat zurück (Filmbehälter, Zigarettenschachteln, Verpflegungsverpackung, etc.).
- Halten Sie zu jedem Tier mindestens eine Entfernung von zwanzig Metern ein. Folgen Sie nicht sich entfernenden Leoparden, Geparden oder Löwen: Geparde niemals mit Fahrzeugen umstellen.
- Bitte fotografieren Sie keine Maasai ohne ausdrückliche Genehmigung, weder im Reservat noch auf Fahrten außerhalb des Reservates.
- Folgen Sie den gesetzlichen Anweisungen des Game-Warden oder seiner Mitarbeiter. Denken Sie daran, dass die Interessen der Natur in einem Wildschutzgebiet an erster Stelle stehen.

PHOTOTIPPS

Nirgendwo in Ostafrika haben Sie bessere Möglichkeiten, die grandiose Tierwelt zu fotografieren, als in der Masai Mara.

Hier einige Ratschläge aus der Praxis:

Bringen Sie doppelt so viele Filme mit, als Sie glauben zu benötigen (oder dreifach so viel Speicherplatz).

Halten Sie die Kamera und die Filme fern von Hitze und Staub, eventuell durch eine Plastikkühlbox.

Bringen Sie ein Scheibenstativ mit für die Seitenscheibe und/oder einen sogenannten Bohnen- oder Sandsack, auf dem Sie das Teleobjektiv abstürzen können, wenn Sie aus der Dachlucke fotografieren.

Ein Zoom mit einer Endbrennweite von 300 mm ist das Minimum. Mit einem Zoom 80-400 oder 100-400 sind Sie besser bedient. Vielleicht zusätzlich noch einen Konverter 1.4x.

Bringen Sie ein Zweitgehäuse mit. Denn wenn Ihnen am dritten Tag die Kamera versagt, ist das nicht so lustig.

Versuchen Sie tagsüber wenig zu fotografieren und machen da nur die Aktionsfotos, die unwiederholbar sind. Die besten Fotos macht man in den goldenen Morgen- und Abendstunden.

Fotografieren Sie, wenn möglich, aus der Seitentür und nicht aus der Dachluke. Aus der Dachluke sieht es zwar toll aus und macht auch mehr Spaß, die Bilder durch die Seitentür werden aber besser, weil die Perspektive besser ist, und Sie den Tieren nicht auf den Rücken fotografieren.

Seien Sie geduldig. Wenn möglich, bleiben Sie lange an einem Platz, wenn er eine interessante Situation verspricht. Das gilt vor allem für die Plätze am Fluss, wo die Tiere diesen überqueren – irgendwann später.

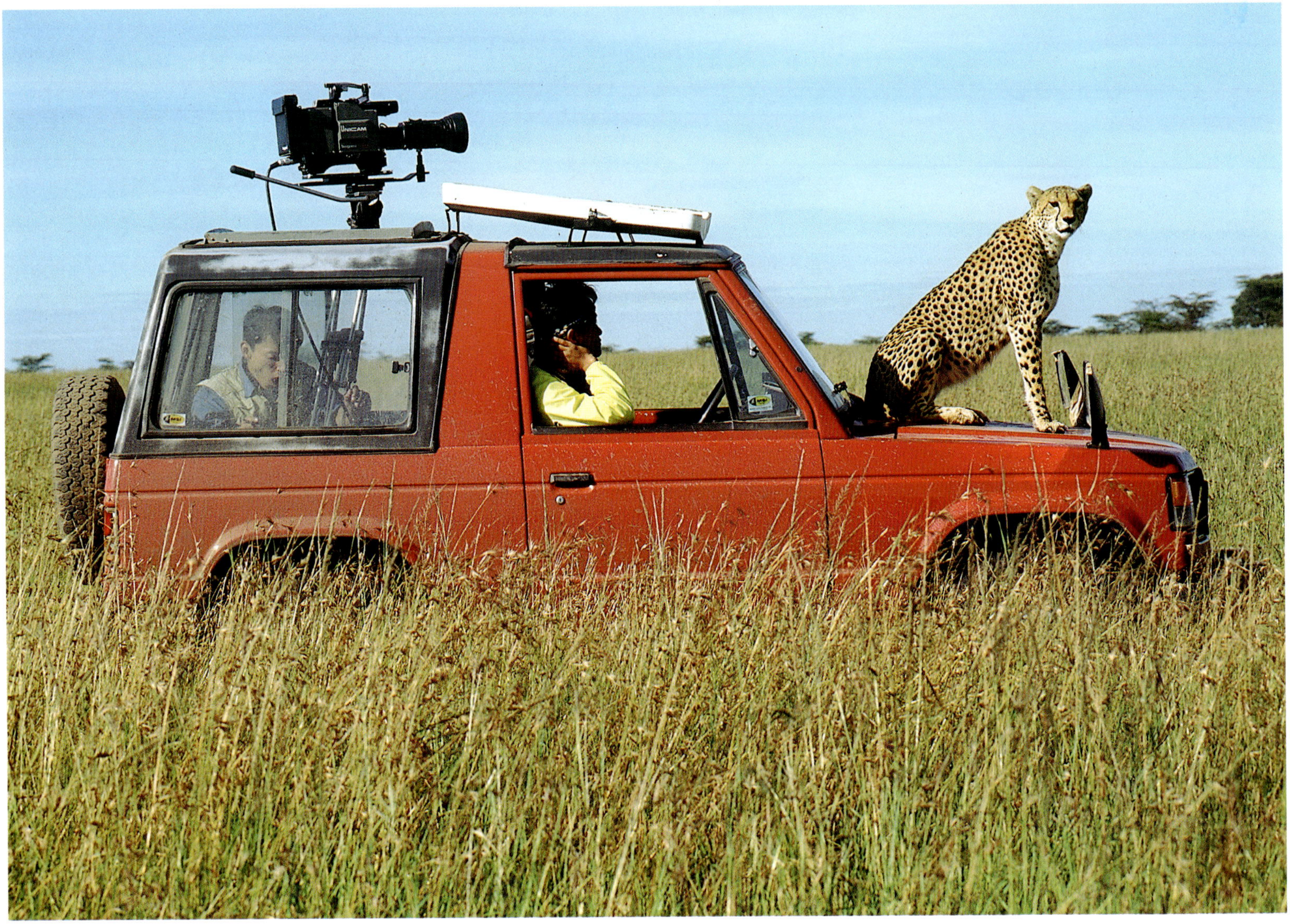

Wenn Sie die Masai Mara mit erhalten und schützen wollen, dann werden Sie Mitglied in der

East African Wild Life Society
P.O. Box 20110 - 00200 Nairobi, Kenya
Tel.: 254 2 574 145 - Fax: 254 2 570 335
E-mail: eawls@kenyaweb.com
www.eawildlife.org

LITERATUR

Alison Wilson
Guidebook to the Masai Mara Reserve,
FOC & FOMM, Nairobi

Richard Despard Estes
The Behavior Guide to African Mammals,
University of California Press, Berkeley 1991

Hagen, W. und Hagen, H.
Reiseführer Natur Ostafrika,
BLV Verlagsgesellschaft, München 1991

BBC Wildlife Magazine
Bristol, Volume 23, No 1

Brian William Finch
Birds of the Masai Mara Checklist
Friends of the Masai Mara, Nairobi

Fritz Pölking
Masai Mara, Afrikas Garten Eden
Tecklenborg Verlag, Steinfurt, 1995

Yves Coppens
Die Wurzeln des Menschen
Deutsche Verlagsanstalt, Stuttgart, 1985

Hans E. Wolters
Die Vogelarten der Erde, 1975 - 1982
Paul Parey, Hamburg-Berlin